Fundamentos de direito constitucional

volume 2

Central de Qualidade — FGV Management
ouvidoria@fgv.br

SÉRIE DIREITO DO ESTADO E DA REGULAÇÃO

Fundamentos de direito constitucional

volume 2

Joaquim Falcão
Sérgio Guerra
Rafael Almeida

Organizadores

Copyright © 2013 Joaquim Falcão; Sérgio Guerra; Rafael Almeida

Direitos desta edição reservados à
EDITORA FGV
Rua Jornalista Orlando Dantas, 37
22231-010 | Rio de Janeiro, RJ | Brasil
Tels.: 0800-021-7777 | 21-3799-4427
Fax: 21-3799-4430
editora@fgv.br | pedidoseditora@fgv.br
www.fgv.br/editora

Impresso no Brasil | *Printed in Brazil*

Todos os direitos reservados. A reprodução não autorizada desta publicação, no todo ou em parte, constitui violação do copyright (Lei nº 9.610/98).

Os conceitos emitidos neste livro são de inteira responsabilidade dos autores.

1ª edição — 2013

Preparação de originais: Sandra Frank
Editoração eletrônica: FA Studio
Revisão: Fernanda Villa Nova de Mello | Sandro Gomes dos Santos
Capa: aspecto:design

Ficha catalográfica elaborada pela
Biblioteca Mario Henrique Simonsen/FGV

Fundamentos de direito constitucional (v. 2) / Organizadores: Joaquim Falcão, Sérgio Guerra, Rafael Almeida. — Rio de Janeiro: Editora FGV, 2013.
2 v. — (Direito do Estado e da Regulação (FGV Management))

Publicações FGV Management.
Inclui bibliografia.
ISBN: 978-85-225-1299-7 (v. 1), 978-85-225-1300-0 (v. 2)

1. Direito constitucional. I. Falcão, Joaquim, 1943- . II. Guerra, Sérgio, 1964- . III. Almeida, Rafael. IV. Fundação Getulio Vargas. V. FGV Management. VI. Série.

CDD — 341.2

Nossa missão é construir uma Escola de Direito referência no Brasil em carreiras públicas e direito empresarial, formando lideranças para pensar o Brasil a longo prazo e ser referência no ensino e na pesquisa jurídica para auxiliar o desenvolvimento e avanço do país.

FGV Direito Rio

Sumário

Apresentação 11

Introdução 13

1 | Federalismo. Fundamentos teóricos. A partilha constitucional de competências. As constituições estaduais e as leis orgânicas dos municípios 15
   Roteiro de estudo 15
      Teoria geral do federalismo: conceito e características do Estado federal na doutrina clássica 15
      Fundamentos teóricos do federalismo 24
      A partilha constitucional de competências: as competências concorrentes como característica de um federalismo cooperativo – regras constitucionais para solução de conflitos de competência 29
      As constituições estaduais e as leis orgânicas dos municípios 32
   Questões de automonitoramento 42

2 | Jurisdição constitucional (I). Controle abstrato de constitucionalidade. Regime geral. Ação direta de inconstitucionalidade, ação declaratória de constitucionalidade   43

Roteiro de estudo   43
   Controle abstrato de constitucionalidade: regime geral   43
   Ação direta de inconstitucionalidade   45
   Ação declaratória de constitucionalidade   50

Questões de automonitoramento   55

3 | Jurisdição constitucional (II). Arguição de descumprimento de preceito fundamental. Inconstitucionalidade por omissão: ação direta e mandado de injunção   57

Roteiro de estudo   57
   Arguição de descumprimento de preceito fundamental   57
   Inconstitucionalidade por omissão: ação direta e mandado de injunção   65

Questões de automonitoramento   85

4 | Jurisdição constitucional (III). Controle concreto de constitucionalidade. Regime geral. Súmula vinculante e repercussão geral   87

Roteiro de estudo   87
   Controle concreto de constitucionalidade: regime geral   87
   Recurso extraordinário   91
   Súmulas vinculantes   96

Questões de automonitoramento   105

5 | Separação de poderes e medidas provisórias   107

   Roteiro de estudo   107
      Separação de poderes   107
      Medida provisória   112
   Questões de automonitoramento   121

6 | Sugestões de casos geradores   123

   Federalismo. Fundamentos teóricos. A partilha constitucional de competências. As constituições estaduais e as leis orgânicas dos municípios (cap. 1)   123

   Jurisdição constitucional (I). Controle abstrato de constitucionalidade. Regime geral. Ação direta de inconstitucionalidade, ação declaratória de constitucionalidade (cap. 2)   125

   Jurisdição constitucional (II). Arguição de descumprimento de preceito fundamental. Inconstitucionalidade por omissão: ação direta e mandado de injunção (cap. 3)   126

   Jurisdição constitucional (III). Controle concreto de constitucionalidade. Regime geral. Súmula vinculante e repercussão geral (cap. 4)   130

   Separação de poderes. Medidas provisórias (cap. 5)   132

Conclusão   135

Referências   137

Organizadores   155

Colaboradores   157

Apresentação

Aliada à credibilidade de mais de meio século de excelência no ensino de economia, administração e outras disciplinas ligadas à atuação pública e privada, a Escola de Direito do Rio de Janeiro da Fundação Getulio Vargas – FGV Direito Rio – iniciou suas atividades em julho de 2002. A criação desta nova escola é uma estratégia da FGV para oferecer ao país um novo modelo de ensino jurídico capaz de formar lideranças de destaque na advocacia e nas carreiras públicas.

A FGV Direito Rio desenvolveu um cuidadoso plano pedagógico para seu Programa de Educação Continuada, contemplando cursos de pós-graduação e de extensão. O programa surge como valorosa resposta à crise do ensino jurídico observada no Brasil nas últimas décadas, que se expressa pela incompatibilidade entre as práticas tradicionais de ensino do direito e as demandas de uma sociedade desenvolvida.

Em seu plano, a FGV Direito Rio assume o papel de formar profissionais preparados para atender às reais necessidades e expectativas da sociedade brasileira em tempos de globalização. Seus cursos reforçam o comprometimento da escola em inserir no mercado profissionais de direito capazes de lidar com áreas interdisciplinares, dotados de uma visão ampla das questões jurídicas e com sólidas bases acadêmica e prática.

A Série Fundamentos de Direito Constitucional é um importante instrumento para difusão do pensamento e do tratamento dado às modernas teses e questões discutidas nas salas de aula dos cursos de MBA e de pós-graduação, focados no direito público, desenvolvidos pela FGV Direito Rio.

Desta forma, esperamos oferecer a estudantes e advogados um material de estudo que possa efetivamente contribuir com seu cotidiano profissional.

Introdução

Este volume, dedicado ao estudo de fundamentos de direito constitucional, tem origem em profunda pesquisa e sistemática consolidação dos materiais de aula acerca de temas que despertam crescente interesse no meio jurídico e reclamam mais atenção dos estudiosos do direito. A intenção da Escola de Direito do Rio de Janeiro da Fundação Getulio Vargas é tratar de questões atuais sobre o tema, aliando a dogmática e a pragmática jurídicas.

A obra trata, de forma didática e clara, dos conceitos e princípios de fundamentos de direito constitucional, analisando as questões em face das condições econômicas do desenvolvimento do país e das discussões recentes sobre o processo de reforma do Estado.

O material aqui apresentado abrangerá assuntos relevantes, como:

- federalismo; fundamentos teóricos; a partilha constitucional de competências; as constituições estaduais e as leis orgânicas dos municípios;

- jurisdição constitucional (I); controle abstrato de constitucionalidade; regime geral; ação direta de inconstitucionalidade, ação declaratória de constitucionalidade;
- jurisdição constitucional (II); arguição de descumprimento de preceito fundamental; inconstitucionalidade por omissão: ação direta e mandato de injunção;
- jurisdição constitucional (III); controle concreto de constitucionalidade; regime geral; súmula vinculante e repercussão geral;
- separação de poderes e medidas provisórias.

Em conformidade com a metodologia da FGV Direito Rio, cada capítulo conta com o estudo de *leading cases* para auxiliar na compreensão dos temas. Com ênfase em casos práticos, pretendemos oferecer uma análise dinâmica e crítica das normas vigentes e sua interpretação.

Esperamos, assim, fornecer o instrumental técnico-jurídico para os profissionais com atuação ou interesse na área, visando fomentar a proposição de soluções criativas para problemas normalmente enfrentados.

1

Federalismo. Fundamentos teóricos. A partilha constitucional de competências. As constituições estaduais e as leis orgânicas dos municípios

Roteiro de estudo

Teoria geral do federalismo: conceito e características do Estado federal na doutrina clássica

Também inserida no âmbito de pesquisas do direito público, a teoria das formas de uniões de estados consiste em objeto de estudo tipicamente da ciência política e/ou teoria do Estado. De acordo com a classificação tradicional da doutrina, tais uniões podem ser pessoais, reais ou mediante confederação.[1, 2]

---

[1] "Confederação é uma vinculação entre estados, criada por um pacto internacional, com intenção de perpetuidade, que dá lugar a um poder que se exerce sobre os Estados-membros e não, de modo imediato, sobre os indivíduos." Cf. GARCÍA-PELAYO, Manuel. *Derecho constitucional comparado*. Madri: Revista do Ocidente, 1961. p. 212 apud FERRARI, Sérgio. *Constituição estadual e federação*. Rio de Janeiro: Lumen Juris, 2003. p. 36.

[2] Segundo a maioria da doutrina pátria, confederação e federação são elementos compreendidos como espécies de um mesmo gênero. Nesse sentido, José Alfredo Baracho os

Embora se atribua sua origem à Roma antiga, a federação – como modelo jurídico-político de organização do Estado – surgiu nos Estados Unidos da América a partir da Convenção da Filadélfia, em 1786, que levou à dissolução da Confederação então vigente – que havia sido formada em 1781. Como se sabe, mais do que emendar os artigos da declaração da Confederação, os membros da convenção entenderam ser necessário compatibilizar o elemento da pluralidade com o da unidade, algo que somente seria possível por meio de um Estado dotado de vários centros de produção de normas.[3] Dessa forma, criou-se um novo modelo de Estado (federal) e implementou-se, em 1787, a Constituição dos Estados Unidos da América, que permanece em vigor até os dias de hoje.

Este período do final do século XVIII ficou marcado na história pelas grandes revoluções, bem como pelo surgimento do constitucionalismo moderno, tanto nos Estados Unidos como na França. No caso estadunidense, vale recordar as disputas políticas travadas entre os chamados federalistas e os antifederalistas. Enquanto o primeiro grupo (liderado por ícones como Washington, Hamilton, Madison e Jay) concebia o federalismo como a melhor forma de governabilidade para os Estados de grandes extensões territoriais e de grande diversidade cultural e linguística – eis o motivo pelo qual tal modelo, exatamente na versão dual, foi importado por outros países de semelhantes características, como o

---

enquadra no gênero "estado federativo *lato sensu*" e Luís Roberto Barroso na categoria de estados compostos (confederação e federação), a qual é contraposta à dos estados simples (estados unitários). Basicamente, as diferenças entre confederação e federação indicam que, enquanto a primeira envolve elementos como pacto internacional, soberania e personalidade internacional, a segunda compreende itens como pacto interno, autonomia e Constituição. Cf. FERRARI, Sérgio. *Constituição estadual e federação*, 2003, op. cit., p. 37-38.

[3] A favor da permissão do exercício de poderes locais, convergiam argumentos como a defesa e a promoção da diversidade, a proteção mais eficaz das liberdades individuais e a possibilidade de estabelecer um controle maior dos governados sobre os governantes.

Brasil[4] –, o segundo sustentava incessantemente a intransigência quanto ao sacrifício da autonomia local.

Nessa esteira, o século XIX representou o auge dos debates sobre o federalismo, uma vez que a adoção de tal modelo de organização jurídico-política se expandia cada vez mais, e, com isso, fez com que a doutrina passasse a lhe conferir uma atenção mais cuidadosa. Possuindo como ponto comum as preocupações precípuas de estabelecer a natureza jurídica da federação e de diferenciá-la da confederação, inúmeras teorias jurídicas foram formuladas nesse período para sistematizar os estudos sobre o Estado federal. Em obra que versa sobre o assunto, Sergio Ferrari arrola as cinco principais formulações teóricas que tentam explicar e fundamentar o Estado federal por meio de uma abordagem jurídica:

❏ teoria da dupla soberania ou da cossoberania;[5]
❏ teoria da nulificação;[6]

---

[4] Como revela a história institucional brasileira, a Constituição Imperial de 1824 estabeleceu um Estado unitário que marcou a formulação de um protofederalismo, o qual, com base no movimento federalista deflagrado e insuflado por Frei Caneca e pela Confederação do Equador, resultou na adoção do modelo federativo já na primeira Constituição republicana do país (1891). Desde então, o Brasil tem sempre se organizado como Estado federal, ao menos no plano formal, pois, e.g., em períodos como o do Estado Novo retornava-se materialmente ao modelo unitário, tendo em vista a inexistência de Senado Federal e a nomeação de interventores nos estados-membros indicados pelo poder central. Assim pode-se afirmar que o Brasil sempre oscilou entre um centralismo exacerbado e outro mediano. Sobre o tema, confira BONAVIDES, Paulo. *Curso de direito constitucional*. 22. ed. São Paulo: Malheiros, 2008. p. 362 e segs.

[5] "A teoria da dupla soberania ou da cossoberania ou ainda da divisão da soberania foi exposta na obra *O federalista*, de John Jay, Alexander Hamilton e James Madison e também admitida na obra *A democracia na América*, de Alexis de Tocqueville. Vinculada ao nascimento do Estado federal norte-americano, tem como pressuposto uma divisão de soberania, pois os Estados-Membros abrem mão de uma parte da sua soberania em prol do Estado Federal e reservam para si outra parte. Dividir a soberania e não diminuí-la foi a saída estratégica dos autores de *O federalista* para equacionar o receio de alguns Estados, antes soberanos, de não atuarem independentemente. Os Estados conservariam as competências ou os direitos de soberania que detinham antes da união, exceto naquilo que expressamente fosse deferido ao Governo Federal" (BERNARDES, Wilba Lúcia Maia. *Federação e federalismo*: uma análise com base na superação do Estado nacional e no contexto do estado democrático de direito. Belo Horizonte: Del Rey, 2010. p. 129).

[6] "A teoria da nulificação, ou a teoria do direito dos Estados-Membros, tem como seus grandes representantes John Calhoun, ao analisar os Estados Unidos, e Max Seydel,

❏ teoria que afirma como único Estado o Estado federal;[7]
❏ teoria que afirma que a federação é o único Estado soberano, sem retirar o caráter de Estado de seus membros;[8]
❏ teoria das três entidades estatais.[9]

Na esteira das lições da doutrina tradicional, Luís Roberto Barroso assim sistematiza o conceito de Estado federal:

> Estado Federal é uma modalidade de Estado composto, em que se verifica a superposição de duas ordens jurídicas – federal, representada pela União, e federada, representada pelos Esta-

---

vinculado ao Império alemão. Tais autores partem da ideia irrestrita de soberania que não pode pertencer a dois entes; então, ou pertence ao Estado-Membro ou pertence à União. Nesse sentido, não há um Estado superior aos Estados federados; a União é apenas uma expressão do conjunto desses, que são as únicas entidades soberanas. Como na visão de tais autores os Estados-Membros conservam sua soberania, que não é detida pela União, acabam por negar a federação, pois a união entre eles é confederal [...] [Sérgio] Ferrari, em lúcido comentário a respeito dessa teoria, afirma a sua correção e a sua lógica no contexto histórico em que foi elaborada e diz que a superação dessa tese só foi possível graças à formulação teórica da distinção entre a soberania e autonomia" (ibid., p. 131).

[7] "Já a teoria que afirma como único Estado o Estado federal tem como seu máximo defensor Zorn, que pressupõe a unidade soberana como essencial ao Estado, significando poder supremo e indivisível. No sentido inverso à teoria de Calhoun, o Estado abre mão de sua soberania em favor do poder central, e esse poder central vai regular o exercício de direitos soberanos em favor dos Estados-Membros" (ibid., p. 132).

[8] Também denominada como Teoria da autonomia. "Tal teoria deve suas formulações a Laband e a Jellinek. No Estado federal, apesar de a soberania pertencer à federação, seus componentes conservam a qualidade de Estado quando estão fora da atmosfera de subordinação da federação, exercendo direitos a título próprio" (ibid., p. 133).

[9] Cf. FERRARI, Sérgio. Constituição estadual e federação, 2003, op. cit., p. 39-44. Ferrari deixa claro que privilegia a versão kelseniana dessa teoria, assim como Bernardes, que leciona: "A teoria do Estado descentralizado ou das três entidades estatais tem como ponto de referência as ideias defendidas por Kelsen. Essa teoria teve grande repercussão no meio jurídico. Hans Kelsen considera o Estado federal como grau mais elevado de descentralização política, diferenciando-se dos outros tipos de Estados apenas quantitativamente. O Estado federal é uma totalidade que representa a síntese da federação e dos Estados-Membros que têm entre si uma relação de não subordinação, mas de coordenação. Dessa forma, a União e os Estados-Membros são ordens jurídicas parciais (federal e estadual) submetidas a uma terceira ordem (ordem jurídica total), da qual recebem competências, e que é soberana, identificada como Estado no âmbito do Direito Internacional" (BERNARDES, Wilba Lúcia Maia. Federação e federalismo, 2010, op. cit., p. 135).

dos-membros –, coordenadas por um processo de repartição de competências determinado pela Constituição Federal, em que a União titulariza a soberania e os Estados-membros detêm autonomia, participando, por um critério de representação, na formação da vontade federal.[10]

Para caracterizar um Estado como federal, é preciso entender que há diversos elementos de organização federal que podem ser identificados em dezenas de países, mas que cada um deles tem peculiaridades que singularizam seu modelo de federação. Ainda assim, de acordo com Sergio Ferrari, é possível, através da caracterização de diversos autores, chegar a dois conceitos que devem estar presentes na arquitetura das relações de poder entre os membros da federação entre si e em sua relação com o poder central. Representam um "mínimo denominador comum". São eles os conceitos de autonomia e participação.[11]

Há, de acordo com o autor, várias faces da autonomia[12] apresentadas na doutrina. Vejamos:

❏ *Autonomia de organização*. É a faculdade que as entidades federativas possuem para editar suas próprias normas que tratem da organização de seus poderes, da administração e dos serviços por elas prestados, desde que observados os regramentos da Constituição. No caso brasileiro, convencio-

---

[10] Cf. BARROSO, Luís Roberto. *Direito constitucional brasileiro*: o problema da Federação. Rio de Janeiro: Forense, 1982. p. 27.
[11] FERRARI, Sérgio. *O município na Federação brasileira*: limites e possibilidades de uma organização assimétrica. Tese (doutorado em direito) – Uerj, Faculdade de Direito, Rio de Janeiro, 2010. Disponível em: <www.bdtd.uerj.br/tde_busca/processaPesquisa. php?listaDetalhes[]=1950&processar=Processar>. Acesso em: 30 out. 2012.
[12] Neste ponto, vale recordar a diferença entre autonomia e soberania. Como se sabe, a autonomia é uma liberdade de escolha que permite atuação no campo delimitado pelo poder soberano, ao passo que a soberania consiste num poder que confere ao Estado (*lato sensu*) o atributo da isonomia no plano internacional e da autonomia no plano interno.

nou-se (impropriamente) chamar este diploma de "Constituição Estadual". Veja-se que esta autonomia não é apenas para *organizar*, expressando-se também como autoconstituição.
❏ *Autonomia política*. É a capacidade do ente federativo de criar seu próprio ordenamento jurídico, através da edição de leis locais, que possuem fundamento na Constituição Federal.
❏ *Autogoverno*.[13] É, de acordo com Luís Roberto Barroso,

> garantia assegurada ao povo, nas unidades federadas, de exercer o direito de escolha de seus dirigentes, através das eleições e de editar, por seus representantes, as leis reguladoras da gestão da coisa pública, no âmbito de seus poderes.[14]

Em outras palavras, por meio de procedimentos internos, as entidades federadas escolhem seus governantes e os colocam em posição de independência em relação ao poder central. Um bom exemplo é o caso do processamento e julgamento de *impeachment*, que é realizado pela Assembleia Legislativa no caso do governador, pela Câmara Municipal no caso do prefeito e pelo Congresso Nacional no caso do presidente da República.

Veja-se que a face mais visível do autogoverno é a eleição do governador do estado e dos deputados estaduais, mas é importante ressaltar que ele se expressa, também, na escolha de integrantes do Poder Judiciário, com a seleção de magistrados e a nomeação dos integrantes do "quinto constitucional".

❏ *Autonomia administrativa*. Divisão de competências administrativas disposta na Constituição, que não pode ser confundida com a mera descentralização administrativa, visto que

---

[13] De acordo com a Constituição Federal de 1937, não havia a garantia de autogoverno para os estados-membros e municípios, tendo em vista que o presidente da República foi investido de poderes para realizar intervenções federais e, inclusive, nomear delegados para as administrações estadual e municipal.
[14] BARROSO, Luís Roberto. *Direito constitucional brasileiro*, 1982, op. cit., p. 23.

esta apenas é efetivamente autonomia administrativa se for garantida constitucionalmente.
- *Autonomia financeira*. Através da repartição de competências e receitas tributárias, consiste em elemento concretizador e garantidor da autonomia das entidades federativas, uma vez que lhes permite a possibilidade de arrecadar e gerir receitas próprias.

Já o conceito de participação, conforme ressaltado, é indispensável para a federação, uma vez que esta só pode existir se houver participação das coletividades locais no todo, na soma das partes. A forma como esta participação ocorre depende de cada modelo de federação, mas pode-se observá-la:

- *No Poder Legislativo*. Através do bicameralismo parlamentar[15] (modelo estadunidense),[16] que permite a participação dos entes federados na formação da vontade nacional, por meio de uma instância legislativa própria. No caso brasileiro, esta participação ocorreria, ainda em teoria, através da previsão de emenda constitucional por iniciativa das assembleias legislativas (art. 60, III, da CRFB), muito embora, na prática, o dispositivo não tenha efetividade.
- *No Poder Executivo*. A participação, aqui, é praticamente nula, contando apenas com resquícios indiretos, como as funções do Senado em relação à política externa, como a ratificação de tratados internacionais e aprovação dos chefes de missão diplomática, assim como a aprovação de outras autoridades indicadas no art. 53, III, da CRFB.

---

[15] De acordo com a lógica desse sistema, uma casa legislativa representa o povo e a outra, em tese, os estados-membros. No Brasil, o Senado acaba também representando o povo, tendo em vista o meio de investidura dos seus membros e suas relações com os poderes estaduais. Por isso, o fato de cada Estado ter igualmente três senadores é, a rigor, antidemocrático, pois fere o princípio do *one man one vote*.
[16] Vale ressaltar que, atualmente, na Alemanha, os senadores são escolhidos pelos governos dos *länder*.

- *No Poder Judiciário.* Aqui, a questão é mais complexa, mas pode-se apontar a Justiça Eleitoral como ramo em que mais se evidencia a característica da participação dos estados-membros, uma vez que ela é composta por magistrados vindos das justiças comuns federais e estaduais. Outro exemplo é o STJ, onde a participação se dá pela ascensão ao tribunal, em partes iguais, de membros da segunda instância das justiças estaduais e federal.

Outra questão interessante em relação ao tema do federalismo diz respeito às espécies e terminologias que a doutrina lhe reconhece quanto: (i) à formação dos estados federados (federalismo centrípeto e centrífugo); (ii) à interação ou isolamento dos entes federados (federalismo dual e cooperativo); e (iii) ao regime jurídico dos entes federados (federalismo simétrico e assimétrico). Vejamos:

- *Federalismo centrípeto e centrífugo.* Tendo como principal modelo o adotado pelos Estados Unidos da América, o federalismo centrípeto origina-se de um ato de agregação que une entes previamente descentralizados, como era o caso da Confederação estadunidense formada em 1781. Por seu turno, o federalismo centrífugo representa um movimento de segregação, que simboliza a formação de um Estado federado a partir de um estado unitário.
- *Federalismo dual e de cooperação.* Tendo como principal exemplo a Constituição dos Estados Unidos da América, de 1787, o federalismo dual preconiza a inexistência, ou pouca expressão, de campos compartilhados de atuação e de competência pelo poder central e pelos poderes regionais/locais. Esse modelo federativo é comumente associado ao Estado liberal. Inserido de forma progressiva, a partir da Constituição de 1934, na organização federal brasileira, o federalismo cooperativo tende à descentralização do exercício do poder

político e denota a existência de um campo em que as atividades dos entes federativos se superpõem e se complementam. Tal modelo federativo se apresenta comumente associado ao Estado social.

❏ *Federalismo simétrico e assimétrico.* Adotado pelo Brasil na Constituição Federal de 1988, o sistema do federalismo simétrico atribui o mesmo regime jurídico para todas as entidades federativas de mesma denominação (estados-membros, municípios etc.). De outra banda, o federalismo assimétrico é caracterizado pela existência de diferentes regimes jurídicos para entidades federativas de mesma denominação, e pode ser representado pelo caso do Canadá, mais especificamente no que tange à província de Quebec, que possui um regime jurídico diferenciado em relação aos demais entes federativos daquele país. No caso da Alemanha, verifica-se que há mais senadores indicados para representar certos *länder*[17] do que para outros, o que caracteriza uma disparidade de poderes entre os entes federativos da república alemã, denotando um traço de assimetria na referida federação.

Hodiernamente, a tendência do federalismo no Brasil pende para a aplicação do princípio da subsidiariedade, pois busca-se o reforço dos poderes locais como forma de promoção da democracia e dos direitos fundamentais. No plano internacional, há de se destacar que a formação de blocos comunitários, como a

---

[17] Denominação de estado-membro. Também podem ser designados por outras palavras. Em cuidadoso levantamento, George Anderson assim relacionou estes vocábulos: "As denominações mais comuns para as unidades constitutivas são Estado (Austrália, Brasil, Etiópia, Índia, Malásia, México, Nigéria e os Estados Unidos) e província (Argentina, Canadá, Paquistão, África do Sul). Outros termos são *länder* (Áustria e Alemanha) e cantão (Suíça). Na Bélgica, há tanto regiões quanto comunidades e na Espanha há as comunidades autônomas. A Rússia tem regiões, repúblicas, áreas autônomas, territórios e cidades federais. Em algumas federações pequenas, há, também, as ilhas" (ANDERSON, George. *Federalismo*: uma introdução. Rio de Janeiro: FGV, 2009. p. 19).

União Europeia, e de áreas de comércio e cooperação regional, como o Mercosul, reacendeu os debates no âmbito da teoria do federalismo, tendo em vista a necessidade de criação de novas categorias teóricas necessárias à compreensão e disciplina de diversos fenômenos políticos e jurídicos, que exsurgem a cada dia e não encontram balizas precedentes na doutrina da teoria do Estado e do direito constitucional.

Fundamentos teóricos do federalismo

A classificação tradicional da repartição de competências

De acordo com a doutrina pátria tradicional e com o próprio sistema da Constituição Federal de 1988, o princípio geral que pauta a repartição de competências entre os entes que integram um Estado federal consiste no princípio da predominância do interesse,

> segundo o qual à União caberão aquelas matérias e questões de predominante interesse geral, nacional, ao passo que aos Estados tocarão as matérias e assuntos de predominante interesse regional, e aos Municípios concernem os assuntos de interesse local.[18]

Em geral, a doutrina apresenta um rol de três técnicas de repartição de competências: (i) atribuição de competências e poderes enumerados à União e residuais aos estados-membros; (ii) atribuição de competências e poderes enumerados aos estados-membros e residuais à União; e (iii) atribuição

---

[18] Cf. SILVA, José Afonso da. *Curso de direito constitucional positivo*. 10. ed. São Paulo: Malheiros, 1995. p. 454. No mesmo sentido, confira-se MORAES, Alexandre de. *Direito constitucional*. 4. ed. rev. e ampl. São Paulo: Atlas, 1998. p. 259 e segs.

de competências e poderes enumerados para todos os entes federativos.[19] Sem embargo, José Afonso da Silva aduz que existem novas técnicas mais complexas, como as adotadas pela Constituição Federal de 1988, que, em uma tônica de superação do federalismo dual, tentam harmonizar atuações exclusivas e concomitantes, de maneira que "a competência para estabelecer políticas gerais, diretrizes gerais ou normas gerais cabe à União, enquanto se defere aos Estados a competência suplementar".[20]

Amplamente adotada pela doutrina publicista pátria, a classificação tradicional de repartição de competências formulada por José Afonso da Silva divide-se em dois grandes grupos: (i) competência material, que pode ser (a) exclusiva (art. 21 da CRFB) ou (b) comum, cumulativa ou paralela (art. 23 da CRFB); e (ii) competência legislativa (a) exclusiva (art. 25, §§1º e 2º, da CRFB), (b) privativa (art. 22 da CRFB) ou (c) suplementar (art. 24, §2º, da CRFB).

Em outro plano de análise, o autor refere que estas mesmas competências podem ser classificadas quanto: (i) à forma: enumerada ou expressa (arts. 21 e 22 da CRFB), reservada ou remanescente e residual (arts. 25, §1º, e 154, I, da CRFB) e implícita (ou resultante ou inerente ou decorrente); (ii) ao conteúdo: econômica, social, político-administrativa, financeira, tributária e internacional; (iii) à extensão: exclusiva (art. 21 da CRFB), privativa, comum, cumulativa ou paralela, concorrente e suplementar; e (iv) à origem: originária e delegada. Esquematicamente, a classificação proposta acima pode ser organizada da seguinte forma:

---

[19] Ibid., p. 454. Segundo o autor, "esse sistema de enumeração exaustiva de poderes para entidades federativas vigora também no Brasil para a repartição das rendas tributárias, com a competência residual para a União (arts. 145 a 162)" (ibid., p. 454).
[20] Ibid., p. 454-455.

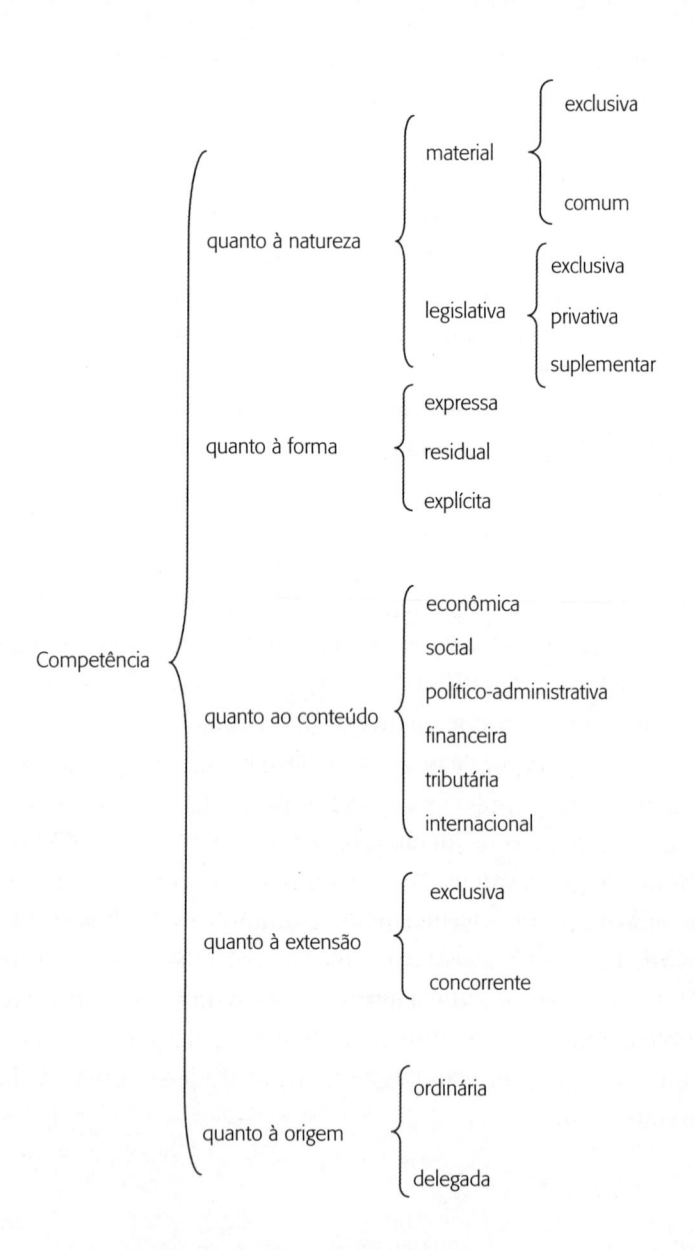

- Competência
  - quanto à natureza
    - material
      - exclusiva
      - comum
    - legislativa
      - exclusiva
      - privativa
      - suplementar
  - quanto à forma
    - expressa
    - residual
    - explícita
  - quanto ao conteúdo
    - econômica
    - social
    - político-administrativa
    - financeira
    - tributária
    - internacional
  - quanto à extensão
    - exclusiva
    - concorrente
  - quanto à origem
    - ordinária
    - delegada

Críticas e superação da classificação tradicional da repartição de competências

Como visto, a mais tradicional classificação das competências federativas na doutrina constitucional brasileira é a do mestre José Afonso da Silva, que tem sido adotada por gerações de estudiosos do direito e é prestigiada pela jurisprudência. Não obstante, parece oportuno propor um aperfeiçoamento daquela classificação. Por isso, a classificação a seguir proposta não tem o objetivo de negar ou superar a doutrina acima referida; antes, dela é tributária. A proposta a seguir é apenas uma tentativa de aperfeiçoamento.

Quanto à classificação da competência material, não há qualquer crítica ao trabalho já empreendido por José Afonso da Silva. No entanto, no que tange às categorias de competências legislativas, é preciso observar, em primeiro lugar, que não parece ter grande proveito prático ou científico a distinção entre competência privativa e competência exclusiva. Ambas denominam a competência atribuída a uma única espécie de ente federativo.[21] Saber se tal competência é ou não delegável pode ser de algum interesse ao estudo da matéria, mas não o suficiente para criar duas categorias distintas.

Seguindo este mesmo raciocínio, parece que a distinção fundamental a ser adotada, em tema de classificação das competências federativas, é aquela que separa as competências privativas das competências comuns segundo um critério de "tudo ou nada": ou a competência pertence a uma única espécie de ente federativo (privativa), ou ela pertence a mais de uma espécie

---

[21] A expressão "espécie de ente federativo", embora não seja esteticamente das melhores, é utilizada em nome da clareza, para que não se diga "atribuída a um único federativo", o que seria uma enunciação incorreta: competências atribuídas privativamente aos estados-membros pertencem a 26 entes federativos, e as atribuídas privativamente aos municípios pertencem a mais de 5 mil entes federativos.

de ente federativo (comum). Inserir uma terceira categoria, a *suplementar*, que necessariamente depende do exercício de uma das anteriores, traz dificuldades à compreensão da matéria, além de não ser de boa técnica de taxonomia estabelecer categorias de mesma hierarquia que possam ser, em alguns casos, subespécies uma da outra.

Essa classificação binomial traz algumas vantagens para a abordagem do tema, especialmente quanto à diferenciação, muito útil em certos estudos, entre o federalismo dual e o federalismo cooperativo: o primeiro se caracteriza por um predomínio de competências privativas, enquanto o segundo apresenta predominantemente competências comuns, com a coexistência, num mesmo espaço normativo, de prescrições oriundas de duas (e, no caso brasileiro, às vezes, três) espécies de entes federativos.

Considerando a categoria das competências comuns, podem-se estabelecer duas subcategorias, que representam as duas formas de manifestação da competência comum: a de normas gerais e a suplementar. Remarque-se bem a ideia: a competência *comum* jamais se apresenta *per se*, pois somente se exterioriza pelo exercício, por dois ou três diferentes entes federativos, das duas subcategorias de competências que a compõem.

A competência para estabelecer normas gerais consiste no poder-dever de estabelecer os parâmetros básicos e as prescrições gerais sobre determinada matéria, sem esgotar totalmente o potencial de normatização daquele tema. Os detalhes e minúcias devem ser deixados ao ente federativo que exercerá a competência suplementar, *preenchendo os espaços* deixados na normatividade do ente que editou as normas gerais.

Esse sistema – simples na teoria, mas complexo e conflituoso em sua aplicação – permite a realização do princípio federativo em uma de suas mais conhecidas enunciações: a *diversidade na unidade*. A edição de normas gerais atende à necessidade de unidade na formação do Estado federal, enquanto a diversidade local é respeitada e exercitada pela edição das normas suplementares, que atenderão às peculiaridades históricas e socioculturais de cada unidade da federação.

Finalmente, não há que se confundir a competência suplementar com o exercício do poder regulamentar; tampouco é recomendável utilizar a expressão "regulamentação" para designar o exercício de competências legislativas de qualquer espécie. A distinção entre lei (ato de conteúdo normativo) e regulamento (ato regulamentar) é muito importante para o direito constitucional, não podendo ser colocada em risco sua compreensão pelo uso descuidado da terminologia.

Sumariando a classificação proposta, pode-se esboçar o seguinte diagrama:

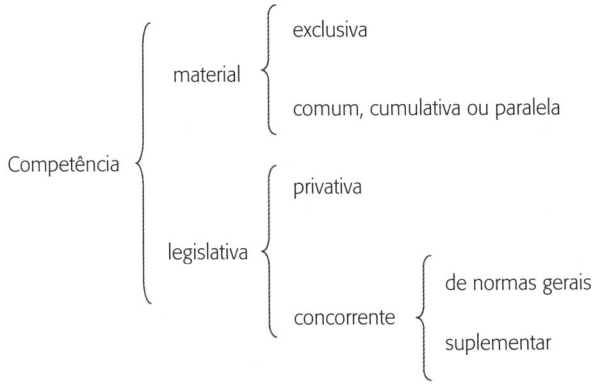

A partilha constitucional de competências: as competências concorrentes como característica de um federalismo cooperativo – regras constitucionais para solução de conflitos de competência

Conforme exposto, a trajetória política do Brasil demonstra uma transmutação paulatina do federalismo dual para o federalismo cooperativo. Com a promulgação da Constituição Federal de 1988, consagrou-se expressamente a tendência de descentralização da organização política no país e se estabeleceu uma divisão de competências que proporciona e fomenta a atuação conjunta dos diferentes entes federativos em diversas searas.

A competência concorrente tem sido apontada como uma forma de modernizar o federalismo, de modo a adaptá-lo às exigências de nosso tempo. Com a adoção dessa modalidade de repartição de competências, haveria, ao menos em tese, maior aproximação e coordenação entre as ações dos entes federativos, o que a definiria como fator de caracterização de um federalismo cooperativo, tal como já definido na seção anterior.

Essa ideia, entretanto, não é totalmente pacífica na doutrina constitucional. Autores como Raul Machado Horta viram nas competências concorrentes verdadeiro prestígio da autonomia local:

> O deslocamento de matérias da competência exclusiva da União para o da legislação comum, a ser objeto de dupla atividade legislativa, a da União no domínio da legislação de normas gerais e a do Estado na complementação da legislação federal, representa um reforço quantitativo e qualitativo da competência estadual para legislar.[22]

Por outro lado, Oswaldo Trigueiro entendeu ser o chamado *federalismo cooperativo* apenas uma forma disfarçada de concentração de poderes na União.[23] Nesse passo, é oportuna a espirituosa advertência da professora Cármen Lúcia Antunes

---

[22] Cf. HORTA, Raul Machado. Estado federal e tendências do federalismo contemporâneo. In: _____. *Estudos de direito constitucional*. Belo Horizonte: Del Rey, 1995. p. 355-356.
[23] Cf. TRIGUEIRO, Oswaldo. *Direito constitucional estadual*. Rio de Janeiro: Forense, 1980, p. 36.

Rocha, no sentido de que os modelos teóricos não podem perder de vista a realidade fática aos quais serão aplicados:

> O federalismo dual e o federalismo cooperativo podem assentar-se bem – e efetivamente assim ocorreu – na realidade norte-americana, para a qual foi ele pensado e implantado. Entretanto, o período inicial de sua implantação no Brasil [...] forjou uma forma federativa muito distante do seu modelo estrangeiro: o federalismo tupiniquim, pejado de fenômenos políticos caboclos, intercalado, ou, mesmo, impedido de se aperfeiçoar pelo advento do coronelismo, da política de Governadores e pelas ditaduras militares, que assolaram os primeiros anos da República Federativa, tão pouco pública e quase nada federativa.[24]

O complexo sistema de repartição de competências instituído pela Constituição de 1988 contém a semente de intermináveis conflitos. Tal fato não parece ter passado despercebido do constituinte, que se preocupou com a enunciação de regras, ainda em tese, para a solução de conflitos de competência entre os entes federativos. Estas regras estão nos parágrafos do art. 24 e estabelecem as diretrizes para o bom funcionamento das competências concorrentes. Os §§1º e 2º enunciam a distinção fundamental entre a competência para a edição de normas gerais e a competência para suplementar, através da edição de normas locais, a legislação sobre determinada matéria. Os §§3º e 4º, por sua vez, regulam a hipótese de inexistência da legislação federal sobre normas gerais.

O ponto fundamental e de maior dificuldade no campo das competências concorrentes continua sendo a definição de

---

[24] Cf. ROCHA, Cármen Lúcia Antunes. *República e federação no Brasil*. Belo Horizonte: Del Rey, 1997. p. 226-227.

normas gerais, como reporta a professora Fernanda Dias Menezes de Almeida:

> O grande problema que se coloca, a propósito, é o da formulação de um conceito de normas gerais que permita reconhecê-las, na prática, com razoável segurança, já que a separação entre normas gerais e normas que não tenham esse caráter é fundamental. De fato, no campo da competência concorrente não cumulativa, em que há uma definição prévia do campo de atuação legislativa de cada centro de poder em relação a uma mesma matéria, cada um deles, dentro dos limites definidos, deverá exercer a sua competência com exclusividade, sem subordinação hierárquica.[25]

É certo, porém, que a previsão em abstrato, na Constituição, de regras para a solução desses conflitos, não afasta a diuturna disputa por competências, no mundo dos fatos, entre os entes federativos.

As constituições estaduais e as leis orgânicas dos municípios

Natureza jurídica das constituições estaduais
na doutrina clássica e nas novas teorias

A doutrina clássica jamais transigiu quanto ao papel essencial das constituições essenciais na caracterização da forma federal de Estado. Tanto as obras gerais de direito constitucional quanto as que tratam especificamente do tema do federalismo enunciam que a *autoconstituição* dos estados-membros é

---

[25] Cf. ALMEIDA, Fernanda Dias Menezes de. *Competências na Constituição de 1988.* 3. ed. São Paulo: Atlas, 2005. p. 146.

característica fundamental da forma federal de Estado. Esses doutrinadores, no entanto, não se ocupam de fundamentar tal afirmação, que acaba se tornando uma repetição mecânica de definições.

A história das constituições estaduais no Brasil é deveras acidentada e se enquadra perfeitamente no sistema político pendular que caracteriza o país desde a proclamação da República, em 1889. Em meio a tantos avanços e retrocessos, conquistas e percalços, golpes ditatoriais e retomadas democráticas, os estados-membros já passaram por momentos díspares (e sempre alternantes) em suas relações política e jurídica com o poder central. Analisando esse aspecto histórico, Sergio Ferrari verifica que

> a tão celebrada capacidade de autoconstituição dos Estados-membros só foi efetivamente exercida em três períodos históricos: de 1891 a 1930, de 1947 a 1964 e desde 1989. Nos demais períodos, os Estados-membros simplesmente não tiveram constituições, ou estas tiveram vigência meramente nominal, sendo a sua organização transferida para a competência do poder central.[26]

Mesmo após o advento da Constituição Federal de 1988, quando se decidiu pela eliminação de qualquer possibilidade de ingerência autoritária do poder central na organização dos estados-membros, a questão da relevância das constituições estaduais ainda se faz presente e carece de maior cuidado por parte da doutrina. Atento a isso, Sergio Ferrari constata que, paradoxalmente, a própria Carta Federal já define por completo o modelo de estados-membros a serem constituídos e apenas lhes

---

[26] Cf. FERRARI, Sérgio. *Constituição estadual e federação*, 2003, op. cit., p. 122-123.

reserva uma relativa parcela de espaço em termos de organização.[27] Neste sentido, contribui, ainda, a invocação do chamado princípio da simetria – por parte do Supremo Tribunal Federal e das próprias assembleias constituintes estaduais –, o qual faz o autor concluir que "a posição das normas da constituição estadual no ordenamento jurídico é de reduzida importância", vez que "as normas que simplesmente repetem a Constituição Federal são desnecessárias; as que desbordam da competência estadual são inconstitucionais – e, portanto, nulas".[28]

Embora ainda seja voz isolada na doutrina, obra mais recente aponta a inadequação de uma importação e repetição, sem maiores cuidados, do conceito de constituição estadual originado nos Estados Unidos. O federalismo brasileiro tem características bem peculiares, em especial a origem por descentralização – e não por agregação – em um ato que surpreendeu as antigas províncias, dando-lhes uma autonomia que jamais haviam reivindicado.

Nesse sentido, é possível demonstrar, via métodos dedutivos, que, após pouco mais de 100 anos de federação, as constituições estaduais, no Brasil de hoje, já não cumprem qualquer papel normativo, não lhes restando qualquer competência legislativa, nem mesmo de natureza ordinária. Em poucas palavras, isso se dá pelo completo exaurimento da organização estadual na própria Constituição Federal.

É importante frisar, ainda, que a sistemática constitucional corporificada pela Carta de 1988 realiza uma profunda transformação na disciplina normativa dos municípios. Ao invés da tradicional subordinação dos municípios às constituições

---

[27] Ibid., p. 264.
[28] Ibid., p. 267. Em outra passagem da sua obra que versa sobre a Constituição estadual, o autor continua a desenvolver seu raciocínio e arremata no sentido de que "se não se reconhece natureza constitucional à constituição estadual, também o poder que a elabora não pode ser chamado de 'poder constituinte'" (ibid., p. 269).

estaduais (nos períodos de democracia) ou às autoridades estaduais delegadas pelo poder central (nos períodos de ditadura e autoritarismo), a Constituição Federal atualmente em vigor estipula as competências dos municípios e lhes confere poderes explícitos para sua auto-organização. Nesse sentido, Sergio Ferrari aduz:

> No regime inaugurado pela Constituição de 1988, os Estados-membros – e consequentemente as Constituições Estaduais – não são competentes para dispor sobre a organização dos Municípios ou sobre as suas competências (legislativas e materiais).[29]

O município na Constituição: a controvérsia sobre sua inclusão como ente federativo. Superação da controvérsia. Natureza da lei orgânica municipal

Rompendo com a lógica de todas as Constituições federais da história brasileira, a carta de 1988 incluiu – pela primeira vez – os municípios no rol de entes federativos integrantes da República Federativa do Brasil (art. 1º da CRFB). Portanto, ao lado da União, dos estados-membros e do Distrito Federal, os municípios finalmente tiveram reconhecida explicitamente sua posição no quadro dos entes federativos.[30] Sobre esta inovação introduzida pela Carta Política de 1988, comenta Paulo Bonavides:

> As prescrições do novo estatuto fundamental de 1988 a respeito da autonomia municipal configuram indubitavelmente o mais

---
[29] Ibid., p. 155.
[30] Ademais, da leitura do art. 18 da CRFB, depreende-se que os territórios não são entidades federativas, mas sim autarquias territoriais; portanto, não integram o pacto federativo. Por seu turno, embora não tendo Ministério Público e Tribunal de Justiça próprios, o Distrito Federal é considerado ente federativo e condensa competências legislativas estaduais e municipais.

considerável avanço de proteção e abrangência já recebido por esse instituto em todas as épocas constitucionais de nossa história. [...] significado decisivo, inédito e inovador que assume o art. 18 da Constituição vigente. Esse artigo inseriu o município na organização político-administrativa da República Federativa do Brasil, fazendo com que ele, ao lado do Distrito Federal, viesse a formar aquela terceira esfera de autonomia, cuja presença, nos termos em que se situou, altera radicalmente a tradição dual do federalismo brasileiro, acrescido agora de nova dimensão básica.[31]

Não obstante, tal previsão expressa não foi suficiente para acabar com a discussão doutrinária sobre o assunto.[32] Desta forma, mesmo reconhecendo que a Constituição Federal de 1988 consagrou o município como entidade federativa (o que corresponde a uma teoria tripartite da federação), José Afonso da Silva continua a compreender a federação brasileira através de uma teoria bipartite[33] e sustenta a tese da incongruência dessa postura da Constituição Federal com a lógica do próprio sistema federativo por ela adotado. Nas palavras do mestre da Universidade de São Paulo:

---

[31] BONAVIDES, Paulo. *Curso de direito constitucional*. 5. ed. São Paulo: Malheiros, 1994. p. 344-345.

[32] Vale ressaltar que, mesmo antes do advento da Constituição Federal de 1988, já se sustentava na doutrina pátria a possibilidade de os municípios brasileiros terem natureza de entidade federativa; afinal eles tinham "todos os atributos semelhantes à autonomia do Estado-membro (autogoverno, autoadministração, competências legislativas próprias e autonomia financeira), à exceção da capacidade de auto-organização" (ibid., p. 80).

[33] Representando uma terceira via, Paulo Bonavides, acima citado, propõe a adoção (*de lege ferenda*) de uma teoria tetrapartite da federação (*federalismo tetradimensional*) no Brasil, a qual acrescentaria ao modelo vigente os chamados *poderes regionais* (cf. BONAVIDES, Paulo. *Curso de direito constitucional*, 1994, op. cit., p. 357-359). A respeito desta ideia de "autonomia regional", veja-se a enfática crítica de Sérgio Ferrari (*Constituição estadual e federação*, 2003, op. cit., p. 87).

Não é porque uma entidade territorial tenha autonomia político-constitucional que necessariamente integre o conceito de entidade federativa. Nem o Município é essencial ao conceito de federação brasileira. Não existe federação de Municípios. Existe federação de Estados. Estes é que são essenciais ao conceito de qualquer federação. Não se vá, depois, querer criar uma câmara de representantes dos Municípios. Em que muda a federação brasileira com o incluir os municípios como um de seus componentes? Não muda nada. Passaram os Municípios a serem entidades federativas? Certamente que não, pois não temos uma federação de Municípios.[34]

É certo que, em escritos mais recentes, o mestre tem abrandado essa posição, embora não admita expressamente que o município possa ser caracterizado como ente federativo, tanto quanto o estado-membro:

> Em verdade, não nos parece que só do fato de sua inclusão naqueles artigos o erija em entidade federativa; não se criou uma Federação de Municípios, tanto que estes ainda ficam sujeitos à intervenção dos Estados, não da União. O que a Constituição de 1988 consagrou foi a configuração do Município como componente da Federação, mas eles não eram entidades federativas. É essa a situação do Município, neste particular, sem embargo de ser ele um ente político, coisa que os territórios não eram.[35]

Em sentido contrário, na esteira da Constituição Federal, a maioria da doutrina publicista pátria reconhece o *status* de

---

[34] Cf. SILVA, José Afonso da. *Curso de direito constitucional positivo*, 1995, op. cit., p. 450-451.
[35] SILVA, José Afonso da. O município no Brasil. In: QUARESMA, Regina; OLIVEIRA, Maria Lúcia de Paula. *Direito constitucional brasileiro*: perspectivas e controvérsias contemporâneas. Rio de Janeiro: Forense, 2006, p. 385-386.

entidade federativa aos municípios, porém raramente se dá ao trabalho de defender tal posição com fundamentos que transcendam a mera menção ao supraindicado art. 1º da Constituição Federal. Nessa senda, Joaquim Castro Aguiar aduz que "o constituinte de 1988 foi mais corajoso e coerente [em relação às Constituições anteriores], ao deixar claro e expresso que o Município é parte integrante de nossa federação, uma federação com traços muito peculiares, bastante ímpar".[36]

Também favorável à plena autonomia da organização municipal, Sérgio Ferrari reconhece que "o Município foi erigido a ente federativo e teve a sua organização desvinculada da constituição estadual".[37] Destarte, o autor se diferencia da doutrina majoritária e fundamenta seu posicionamento no art. 29 da Constituição Federal, o qual reconhece o poder de auto-organização – via lei orgânica – aos municípios, demonstrando assim que estes não ficam mais à mercê das constituições estaduais como outrora. No mesmo sentido, Paulo Bonavides, para quem a garantia institucional da autonomia municipal "não pode ser alvo [...] de surpresas ou investidas ocasionais [...] mediante as quais uma Constituição estadual viesse privar o município de poderes normativos inerentes ao exercício de sua autonomia", como ocorreria, por exemplo, no caso de as câmaras municipais não poderem mais estabelecer com independência certas prerrogativas, entre as quais a de fixar a remuneração do prefeito ou os subsídios dos vereadores.[38]

O STF, a seu turno, tem se manifestado a respeito no sentido de preservar a autonomia municipal, defendendo-a contra ingerências indevidas dos estados-membros da Federação que,

---

[36] Cf. AGUIAR, Joaquim Castro. *Competência e autonomia dos municípios na nova Constituição*. Rio de Janeiro: Forense, 1993, p. 10 apud FERRARI, Sérgio. *Constituição estadual e federação*, 2003, op. cit., p. 82.
[37] Cf. FERRARI, Sérgio. *Constituição estadual e federação*, 2003, op. cit., p. 264.
[38] BONAVIDES, Paulo. *Curso de direito constitucional*, 1994, op. cit., p. 356.

em suas constituições, manifestam-se sobre assuntos que devem ser decididos pelos municípios. Dois exemplos de casos julgados pelo STF podem ser citados, a título ilustrativo da atuação da Corte neste sentido. No primeiro deles, a ADI nº 307, manifestou-se o STF pela declaração de inconstitucionalidade de dispositivo da Constituição do Estado do Ceará que, ao determinar que cabe aos municípios o ônus de transportar da zona rural para o distrito ou município mais próximo os alunos carentes matriculados a partir da quinta série do ensino fundamental, exercia indevida ingerência na prestação do serviço público dos municípios, afrontando, desta forma, a autonomia municipal, consagrada na Carta Política de 1988.[39] No segundo exemplo, o STF declarou a inconstitucionalidade do art. 75, §2º, da Constituição do Estado de Goiás que disciplinava sobre a vacância dos cargos de prefeito e vice-prefeito, assuntos de interesse local[40] e,

---

[39] "O art. 30 impõe aos Municípios o encargo de transportar da zona rural para a sede do Município, ou Distrito mais próximo, alunos carentes matriculados a partir da 5ª série do ensino fundamental. Há aqui indevida ingerência na prestação de serviço público municipal, com reflexos diretos nas finanças locais. O preceito afronta francamente a autonomia municipal. Também em virtude de agressão à autonomia municipal tenho como inconstitucional o §3º do art. 35 da Constituição estadual: 'as Câmaras Municipais funcionarão em prédio próprio ou público, independentemente da sede do Poder Executivo'. Isso é amplamente evidente. [...] Por fim, é ainda inconstitucional o §3º do art. 38 da CE, já que os limites a serem observados pela Câmara Municipal na fixação dos subsídios do Prefeito e do Vice-Prefeito estão definidos no inciso V do art. 29 da Constituição de 1988, não cabendo à Constituição estadual sobre eles dispor. Há, aqui, afronta à autonomia municipal" (ADI nº 307, voto do relator ministro. Eros Grau. Plenário. DJe, 1 jul. 2009).
[40] "É competente o Município para fixar o horário de funcionamento de estabelecimento comercial" (Súmula nº 645). "Os Municípios têm autonomia para regular o horário do comércio local, desde que não infrinjam leis estaduais ou federais válidas, pois a Constituição lhes confere competência para legislar sobre assuntos de interesse local" (AI nº 622.405-AgR. Relator: ministro. Eros Grau. Julgamento em 22 maio 2007. Segunda Turma. DJ, 15 jun. 2007). No mesmo sentido: AI nº 729.307-ED. Relatora: ministra Cármen Lúcia. Julgamento em 27 out. 2009. Primeira Turma. DJe, 4 dez. 2009; RE nº 189.170. Relator p/ o ac.: ministro Maurício Corrêa. Julgamento em 1 fev. 2001. Plenário. DJ, 8 ago. 2003; RE nº 321.796-AgR. Relator: ministro Sydney Sanches. Julgamento em 8 out. 2002. Primeira Turma. DJ, 29 nov. 2002; RE nº 237.965-AgR. Relator: ministro Moreira Alves. Julgamento em 10 fev. 2000. Plenário. DJ, 31 mar. 2000; RE nº 182.976.

portanto, de competência exclusiva dos municípios, a teor do que dispõe o art. 30, I, da CF/1988.[41]

Na esteira do tratamento dispensado pela Constituição Federal às constituições estaduais, as leis orgânicas municipais não possuem ampla margem de atuação. Apesar de lhes estar assegurado o exercício da autonomia municipal – por meio das tarefas de disposição sobre a organização do município e de disciplina das matérias de sua competência –, as leis orgânicas ficam totalmente adstritas aos limites impostos pela Constituição Federal, de maneira que não podem inovar praticamente em nada em relação ao texto magno.

Dessa forma, principalmente considerando os princípios de direito constitucional consagrados na carta de 1988, cabe refletir acerca da verdadeira natureza jurídica do diploma normativo máximo do poder municipal e questionar a posição clássica da doutrina publicista pátria a respeito. Representando esse entendimento tradicional, José Afonso da Silva assevera que a lei orgânica municipal

---

Relator: ministro Carlos Velloso. Julgamento em 12 dez. 1997. Segunda Turma. *DJ*, 27 fev. 1998. Ver: ADI nº 3.731-MC. Relator: ministro Cezar Peluso. Julgamento em 29 ago. 2007. Plenário. *DJ*, 11 out. 2007.

[41] "AÇÃO DIRETA DE INCONSTITUCIONALIDADE – ART. 75, §2º, DA CONSTITUIÇÃO DE GOIÁS – DUPLA VACÂNCIA DOS CARGOS DE PREFEITO E VICE-PREFEITO – COMPETÊNCIA LEGISLATIVA MUNICIPAL – DOMÍNIO NORMATIVO DA LEI ORGÂNICA – AFRONTA AOS ARTS. 1º E 29 DA CONSTITUIÇÃO DA REPÚBLICA. 1. O poder constituinte dos Estados-membros está limitado pelos princípios da Constituição da República, que lhes assegura autonomia com condicionantes, entre as quais se tem o respeito à organização autônoma dos Municípios, também assegurada constitucionalmente. 2. O art. 30, inc. I, da Constituição da República outorga aos Municípios a atribuição de legislar sobre assuntos de interesse local. A vocação sucessória dos cargos de prefeito e vice-prefeito põem-se no âmbito da autonomia política local, em caso de dupla vacância. 3. Ao disciplinar matéria, cuja competência é exclusiva dos Municípios, o art. 75, §2º, da Constituição de Goiás fere a autonomia desses entes, mitigando-lhes a capacidade de auto-organização e de autogoverno e limitando a sua autonomia política assegurada pela Constituição brasileira. 4. Ação Direta de Inconstitucionalidade julgada procedente" (ADI nº 3.549. Relator(a): ministra Cármen Lúcia. Tribunal Pleno. Julgado em 17 set. 2007. *DJe*-134. DIVULG 30 OUT. 2007. PUBLIC 31 OUT. 2007. *DJ* 31 OUT. 2007. PP-00077 EMENT VOL-02296-01 PP-00058).

é uma espécie de constituição municipal. Cuidará de discriminar a matéria de competência exclusiva do Município, observadas as peculiaridades locais, bem como a competência comum que a Constituição lhe reserva juntamente com a União, os Estados e o Distrito Federal (art. 23). Indicará, dentre a matéria de sua competência, aquela que lhe cabe legislar com exclusividade e a que lhe seja reservado legislar supletivamente.[42]

Os mesmos setores da doutrina que negam natureza constitucional à Constituição do estado-membro, por óbvio, também não reconhecem natureza constitucional à lei orgânica municipal, pelas razões já expostas.

Na verdade, tanto essa corrente (que nega natureza constitucional à constituição estadual) quanto aquela (que reconhece natureza constitucional à lei orgânica do município) partem de um mesmo pressuposto: a constituição estadual e a lei orgânica do município têm, ao cabo, a mesma natureza: a de documento organizador (mas não instituidor) de entidade federada autônoma no interior de um Estado federal. Por tal ponto de vista, a diferença de nomenclatura (*constituição* para uma ou *lei* para outra) teria meramente origens históricas e poderia ser solucionada da seguinte forma: para uma corrente, não haveria problema em chamar o documento organizador do município de *constituição municipal*, enquanto para outra o correto seria chamar o documento organizador do estado-membro de *lei orgânica estadual*. O que não parece correto, afinal, é distingui-las ontologicamente, uma como *constituição* e a outra como *lei*, com fundamento tão somente na nomenclatura tradicionalmente adotada pela doutrina e encampada pelo Constituinte de 1988.

---

[42] Cf. SILVA, José Afonso da. *Curso de direito constitucional positivo*, 1995, op. cit., p. 592.

Questões de automonitoramento

1. Após ler este capítulo, você é capaz de resumir o caso gerador do capítulo 6, identificando as partes envolvidas, os problemas atinentes e as soluções cabíveis?
2. Indique o conceito e as características do Estado federal na doutrina clássica.
3. Qual o modelo teórico adotado pela doutrina pátria para o trato da repartição de competências? Apresente e comente as críticas dirigidas a essa concepção.
4. Explicite e comente as classificações que sistematizam a partilha de competências entre entes federativos, realizada pela Constituição Federal.
5. Contextualize o município no debate acerca da sua inclusão como ente federativo e comente as repercussões da definição da natureza jurídica da lei orgânica municipal perante os demais entes federativos.
6. Pense e descreva, mentalmente, outras alternativas para a solução do caso gerador do capítulo 6.

2 | Jurisdição constitucional (I). Controle abstrato de constitucionalidade. Regime geral. Ação direta de inconstitucionalidade, ação declaratória de constitucionalidade

Roteiro de estudo

Controle abstrato de constitucionalidade: regime geral

O controle abstrato de constitucionalidade das leis e atos normativos é exercido, no Brasil, pelo Supremo Tribunal Federal em relação à Constituição Federal e pelos tribunais de justiça no caso das constituições estaduais. De acordo com sua previsão na Constituição de 1988, o controle abstrato será sempre concentrado e, segundo o STF, consiste em *processo objetivo*, tendo em vista que "não envolve situações jurídicas de caráter individual, destinando-se não à solução de litígios intersubjetivos, mas à guarda da Constituição".[43]

---

[43] BINENBOJM, Gustavo. *A nova jurisdição constitucional brasileira*. 2. ed. rev. e atual. Rio de Janeiro: Renovar, 2004. p. 143. Apesar de reconhecer a classificação das ações de controle abstrato conforme processos objetivos como processualmente válida, o autor

Nesse sentido, nas ações em controle abstrato: (i) não há réu, (ii) não é cabível alegação de suspeição ou impedimento, (iii) não é possível a desistência, (iv) a causa de pedir é *aberta*, pois só o pedido vincula o órgão julgador e (v) não cabe ação rescisória nem qualquer recurso (exceto os embargos de declaração).[44]

Seguindo uma tônica de ampliação do acesso à jurisdição constitucional, além de conservar a Adin e suprimir o monopólio do procurador-geral da República para sua propositura, o constituinte pátrio – tanto na Assembleia Constituinte de 1987-1988 quanto na posterior edição de emendas constitucionais – inseriu na Constituição novos instrumentos de controle abstrato de constitucionalidade: a ação declaratória de constitucionalidade, a ação direta de inconstitucionalidade por omissão e a arguição de descumprimento de preceito fundamental.

Destarte, não obstante a adoção concomitante do controle difuso, no sistema brasileiro verifica-se uma forte tendência de concentração do exercício do controle de constitucionalidade na figura do STF, o que enseja naturalmente a necessidade de discussão acerca da legitimidade democrática de suas decisões – e seus limites –, com vistas à delineação do espaço do Poder Judiciário e das cortes constitucionais na construção e na defesa do estado democrático de direito.

Na esteira de Gustavo Binenbojm, para quem os instrumentos de controle de constitucionalidade devem ser analisados com base na missão das cortes constitucionais – defesa dos direitos fundamentais e das regras do regime democrático – e não meramente por meio de sua processualística,[45] tais mecanismos

---

assevera que em tais demandas há verdadeiros dissídios políticos, sociais e econômicos, os quais representam questões concretas que envolvem os mais diversos conflitos de interesses na sociedade (ibid., p. 47-48).

[44] Cf. STF. Questão de Ordem em Ação Declaratória de Constitucionalidade nº 1/DF. Relator: ministro Moreira Alves. Julgamento em 16 jun. 1995.

[45] Cf. BINENBOJM, Gustavo. *A nova jurisdição constitucional brasileira*, 2004, op. cit., p. 140.

serão apresentados adiante por um enfoque mais substancial do que procedimental.

Ação direta de inconstitucionalidade

Editada 11 anos após a promulgação da Constituição de 1988, a Lei nº 9.868/1999 regulamenta a ação direta de inconstitucionalidade (art. 102, I, "a", da CRFB) e a ação declaratória de constitucionalidade (art. 103, §4º, da CRFB). Não obstante seja caracterizado como uma lei de ritos, tal diploma legal é totalmente permeado por elementos de caráter substancial que expressam a tônica da paulatina democratização da jurisdição constitucional no Brasil. Por tal motivo, será expendida, a seguir, uma abordagem acerca do aspecto material dessas ações e, posteriormente (em tópico específico), uma análise comparativa dos respectivos tópicos processuais.

Sem embargo de a teleologia dos arts. 103 da CRFB e 2º, I a IX, da Lei nº 9.868/1999 refletir a ideia de democratização do acesso à jurisdição constitucional – ampliando a legitimação ativa para a propositura de Adin[46] –, o STF criou óbices ao manejo da Adin mediante construção jurisprudencial e instituiu regras de diferenciação entre os legitimados previstos no elenco exaustivo desses artigos.[47] Assim, criaram-se as figuras

---

[46] Neste sentido, confira a análise tecida pelo ministro José Carlos Moreira Alves: "[...] de 1934 a 1965, só havia representações de inconstitucionalidade interventivas; de 1965 a 1988, tanto interventivas quanto contra atos normativos em abstrato", de sorte que, durante todo esse período, "não chegaram a 1.700 as representações de inconstitucionalidade ajuizadas perante o Supremo Tribunal Federal, ao passo que, de 5 de outubro de 1988 até fevereiro de 1992, em pouco mais de três anos de vigência da atual Constituição, já foram ajuizadas mais de 680 ações diretas de inconstitucionalidade, a maioria das quais com pedido de suspensão liminar das normas impugnadas". ALVES, José Carlos Moreira apud PIOVESAN, Flávia C. *Proteção judicial contra omissões legislativas*: ação direta de inconstitucionalidade por omissão e mandado de injunção. São Paulo: Revista dos Tribunais, 1995. p. 98.

[47] Com a promulgação da EC nº 45/2005, inseriram-se, respectivamente, nos incisos IV e V, o governador e a Mesa da Câmara Legislativa do Distrito Federal entre os legitimados para propositura de Adin e ADC.

dos legitimados universais (ou plenos ou incondicionados ou de primeira classe) e dos legitimados não universais (ou condicionados ou de segunda classe), sendo estes últimos os previstos nos incisos IV, V e IX.

Enquanto os primeiros podem propor qualquer ADI,[48] os demais estão sujeitos a dois *standards* formulados e aplicados pelo STF: (a) demonstração da pertinência temática entre o objeto da ação e os interesses institucionais; e (b) em relação às confederações sindicais, é necessário haver registro no Ministério do Trabalho.

Já no caso das entidades de classe de âmbito nacional, exige-se que seu funcionamento ocorra, ao menos, em nove estados da Federação, bem como, cumulativamente, que: (i) sejam formadas por pessoas naturais ou pessoas jurídicas que componham uma categoria profissional ou econômica; e (ii) componham uma categoria homogênea. De acordo com Gustavo Binenbojm, "exigia ainda o STF, como 3º requisito de legitimação, que as mesmas não se configurassem como 'associações de associações'. Este último requisito, todavia, foi objeto de alteração jurisprudencial da Suprema Corte".[49]

Em seu art. 102, I, "a", a Constituição Federal estabelece que será objeto de ADI qualquer lei ou ato normativo federal ou estadual que lhe sejam contrários. Portanto, restam excluídas

---

[48] No caso dos partidos políticos, a legitimidade fica condicionada à representação no Congresso Nacional por pelo menos um parlamentar. Em decisão do STF, ficou assentado que, se o partido perder a representação no Congresso durante o curso da Adin, o processo será extinto pela perda da legitimidade ativa, salvo se algum ministro já tiver proferido voto. No que tange aos conselhos de classe, verifica-se que a Ordem dos Advogados do Brasil é o único a ter legitimidade reconhecida pela Constituição, o que revela um tratamento não isonômico a importantes entidades, como os conselhos de medicina, de engenharia e arquitetura, entre outros.

[49] BINENBOJM, Gustavo. *A nova jurisdição constitucional brasileira*. 3. ed. rev. e atual. Rio de Janeiro: Renovar, 2010. p. 148. Neste sentido, ver ADI nº 3.153 AgR. Relator: ministro Celso de Mello. Relator p/ acórdão: ministro Sepúlveda Pertence. Julgamento em 12 ago. 2004.

do âmbito da ADI as normas do direito pré-constitucional, do direito municipal e as firmadas entre particulares. Apesar dessa delimitação, questões controversas surgiram na doutrina e na jurisprudência acerca do objeto da ADI:

❑ Sendo pacífico o cabimento de ADI contra normas produzidas pelo constituinte derivado, indaga-se acerca da possibilidade de a ADI alcançar, inclusive, normas constitucionais originárias. Ao apreciar a ADI nº 815-3/DF, o STF decidiu em sentido negativo, porém jamais afirmou que o poder constituinte originário não estaria sujeito a limitações de ordem suprapositiva.

❑ Para que uma norma possa ser objeto de ADI, o STF entende que há dois requisitos a serem preenchidos para o enquadramento na expressão *lei ou ato normativo*: a obrigatoriedade de (i) que a norma seja primária[50] e (ii) que a lei seja material.[51]

❑ Sobre o cabimento de ADI contra normas do direito infralegal, vale ressaltar que o STF só o admite no caso de decreto autônomo editado com base na Constituição Federal, de modo que o refuta quando se trata de decreto de regulamentação ou de execução. A Corte admite, também, ADI contra resoluções do CNJ.[52]

❑ Em relação aos tratados internacionais, o STF admite o cabimento de ADI somente em relação ao decreto legislativo e

---

[50] Como é cediço, as normas primárias são aquelas que têm como fundamento de validade a própria Constituição. Logo, não cabe Adin por inconstitucionalidade reflexa ou indireta (*e.g.*, contra decreto regulamentador de lei), resolvendo-se o problema no âmbito da legalidade.

[51] Tal materialidade se afere por meio da verificação de um coeficiente mínimo da generalidade e abstração, de maneira que o STF não admite Adin contra leis de efeitos concretos. Não obstante, em julgado recente o Supremo reviu sua jurisprudência e entendeu ser possível o controle abstrato de lei orçamentária. STF. ADI nº 4.048-MC. Relator: ministro Gilmar Mendes. Julgamento em 14 maio 2008. *DJe*, 22 ago. 2008.

[52] STF. ADI nº 3.854-MC. Relator: ministro Cezar Peluso. Tribunal Pleno. Julgamento em 28 fev. 2007.

ao decreto presidencial que os internalizam, porém jamais apreciando o tratado em si.

❏ Para ser objeto de ADI, a norma tem de estar em vigor tanto no momento da proposição quanto no do julgamento da ação. Se a norma vier a ser revogada durante o curso da ação, o processo será extinto por perda de objeto, salvo no caso de normas revogadas por medida provisória (MP). Devido ao caráter temporário da MP, a norma não é revogada, mas apenas tem sua eficácia suspensa, de maneira que, durante a vigência da MP, o STF suspende a ADI proposta contra a norma que está sem eficácia. Dessa forma, não há de se falar em perda de objeto, exceto se a MP acabar sendo convertida em lei.

❏ A respeito dos atos normativos distritais, a ADI somente será cabível quando eles forem de competência estadual.[53] Caso seja de índole municipal (*e.g.*, em matéria de transporte público municipal), não será admitida.[54]

Assim como a introdução da possibilidade de realização de audiências públicas pelo STF (art. 9º, §1º, da Lei nº 9.868/1999), o reconhecimento formal da figura do *amicus curiae* – amigo da corte – como participante dos processos de jurisdição constitucional no Brasil (art. 7º, §2º)[55] consiste em uma importante medida de ampliação da legitimidade democrática e de implementação de mecanismos de democracia deliberativa.[56]

---

[53] Cf. STF. Reclamação nº 3.436 MC/DF. Relator: ministro Celso de Mello. Julgamento em: 1 jul. 2005.
[54] STF. Ação Direta de Inconstitucionalidade nº 645-2. Relator: ministro Ilmar Galvão. Julgamento em 11 nov. 1996.
[55] "Art. 7º. […] §2º. O relator, considerando a relevância da matéria e a representatividade dos postulantes, poderá, por despacho irrecorrível, admitir, observado o prazo fixado no parágrafo anterior, a manifestação de outros órgãos ou entidades."
[56] Sobre o assunto, confira-se: BINENBOJM, Gustavo. A dimensão do *amicus curiae* no processo constitucional brasileiro: requisitos, poderes processuais e aplicabilidade no âmbito estadual. *Mundo Jurídico*, Rio de Janeiro, [s.d.]. Disponível em: <www.mundojuridico.adv.br>. Acesso em: 24 abr. 2006.

Destarte, na senda da proposta teórica da sociedade aberta dos intérpretes da Constituição, de Peter Häberle,[57] viabiliza-se um acesso direto da sociedade à jurisdição constitucional e legalizam-se importantes mecanismos de abertura da Constituição, os quais franqueiam a participação, junto ao STF, para cidadãos e grupos sociais que desejem contribuir para a formação do convencimento da Corte sobre as matérias que lhes afetam.[58] O critério fixado pelo STF para a admissão de *amicus curiae* nos processos de controle abstrato consiste no preenchimento do binômio relevância-representatividade,[59] que será aferido pelo relator em decisão irrecorrível. Uma vez admitido seu ingresso no processo objetivo, além da possibilidade de juntada de peças escritas, a doutrina entende que fica facultado ao amigo da corte *o direito à sustentação oral nas sessões de julgamento, bem como a interposição dos recursos cabíveis.*[60, 61]

Em recurso de agravo regimental na ADI nº 4.071, o STF decidiu que somente até o momento em que o processo é encaminhado para o relator para inclusão na pauta de julgamentos é que será admitida a intervenção do *amicus curiae* nos processos de controle concentrado de constitucionalidade. O STF, diante

---

[57] HÄBERLE, Peter. *Hermenêutica constitucional*: a sociedade aberta dos intérpretes da Constituição. Contribuição para a interpretação pluralista e "procedimental" da Constituição. Trad. Gilmar F. Mendes. Porto Alegre: Safe, 1997.
[58] Cf. BINENBOJM, Gustavo. *A nova jurisdição constitucional brasileira*, 2004, op. cit., p. 158-159.
[59] Para a admissibilidade do *amicus curiae* na ação de direta de inconstitucionalidade, é necessária a presença de dois requisitos: a relevância da matéria (requisito objetivo) e a representatividade dos postulantes (requisito subjetivo).
[60] Cf. BINENBOJM, Gustavo. *A nova jurisdição constitucional brasileira*, 2004, op. cit., p. 160; STF. Ação Direta de Inconstitucionalidade nº 2.777-8/SP. Relator: ministro Cezar Peluso. Julgamento em 26 nov. 2003.
[61] A partir do julgamento da ADI nº 2.777 QO/SP (julgamento em 27 nov. 2003), o tribunal passou a admitir a sustentação oral do *amicus curiae*, editando norma regimental para regulamentar a matéria. Salientava-se que essa intervenção, por uma perspectiva pluralística, conferiria legitimidade às decisões do STF no exercício da jurisdição constitucional.

deste julgado, entendeu que há ainda outro requisito de admissibilidade do "amigo da corte", qual seja: seu ingresso só é possível até a inclusão do processo na pauta de julgamento.

Ação declaratória de constitucionalidade

Introduzida no ordenamento jurídico brasileiro por meio da Emenda Constitucional nº 3/1993, a ação declaratória de constitucionalidade (ADC) foi elaborada com uma finalidade política e outra jurídica. Primeiramente, verifica-se que a ADC foi criada a fim de servir como instrumento de governabilidade e visava, principalmente, combater as chamadas "guerras de liminares", que tanto incomodavam o governo federal por mitigar o princípio da presunção de constitucionalidade das leis.[62]

Em seu sentido jurídico, a ADC visa remediar incertezas de natureza objetiva acerca da validade constitucional de leis ou atos normativos e tem, como pressuposto para sua propositura, a necessidade de demonstração das controvérsias sobre a constitucionalidade, provenientes de divergência jurisprudencial (art. 14, III).[63, 64]

---

[62] Cf. BINENBOJM, Gustavo. *A nova jurisdição constitucional brasileira*, 2004, op. cit., p. 176. Na ocasião, a grande quantidade de medidas liminares concedidas em controle difuso de constitucionalidade fazia com que leis de grande repercussão nos âmbitos tributário e econômico tivessem sua eficácia suspensa no caso concreto. Nesse sentido, alegando problemas de insegurança jurídica, o governo federal elaborou projeto de emenda constitucional objetivando conceder ao STF o poder de declarar definitivamente a constitucionalidade de leis e assim garantir uma estabilidade no exercício do governo. Na verdade, a adoção da ADC não representava uma novidade, pois a Adin já tinha dupla função quando da presença do atual ministro do STF à frente da Procuradoria-Geral da República. Na ocasião, o então PGR Sepúlveda Pertence ajuizava Adins pedindo a declaração de constitucionalidade.
[63] Assim, constata-se que a presunção de constitucionalidade das leis é relativa (*juris tantum*) e pode vir a ser transformada em absoluta (*juris et de iuri*) com a procedência da ADC, que vinculará o Judiciário e a administração pública. Cf. BINENBOJM, Gustavo. *A nova jurisdição constitucional brasileira*, 2004, op. cit., p. 175.
[64] Cf. *Informativo STF*, n. 519: "O Tribunal iniciou julgamento de ação declaratória de constitucionalidade movida pelo Governador do Distrito Federal, em que se objetiva

Destarte, a doutrina prontamente desferiu críticas à ADC em razão de seu caráter supostamente antidemocrático e argumentava que se tratava de uma violação aos princípios do juiz natural, da separação dos poderes, do acesso à Justiça, do devido processo legal, do contraditório e da ampla defesa.[65] Nessa senda, foi proposta uma ADI contra a EC nº 3/1993, a qual não foi conhecida pelo STF devido à verificação da ilegitimidade da proponente (Associação dos Magistrados Brasileiros) por falta de pertinência temática.[66]

Em sua previsão original no art. 13 da Lei nº 9.868/1999, que reproduz o rol do art. 103, §4º, da CRFB (acrescentado pela EC nº 3/1993), o rol de legitimados da ADC é mais restrito que o da ADI – excluindo as confederações sindicais e as associações de âmbito nacional – e não está sujeito ao preenchimento do requisito da pertinência temática. Por tal motivo, há pouquíssimas ADCs propostas até o ano de 2005, quando foi aprovada a EC nº 45, que, sem qualquer esforço de democratizar o acesso à jurisdição constitucional, apenas prevê a incorporação da *Mesa*

---

a declaração de que o art. 71, §1º, da Lei nº 8.666/93 é válido segundo a CF/88 (Lei nº 8.666/93) [...] O Min. *Cezar Peluso, relator, julgou o autor carecedor da ação, por falta de interesse objetivo de agir, e indeferiu a petição inicial, levando em conta não ter sido demonstrada a existência de controvérsia judicial relevante sobre a legitimidade constitucional da norma, nos termos do art. 14, III, da Lei nº 9.868/99*. No ponto, ressaltou que o autor limitou-se a juntar cópias de 3 decisões de Tribunais Regionais do Trabalho que não versaram questão de inconstitucionalidade do art. 71, §1º, da Lei nº 8.666/93, em se tendo adstrito a afastar a orientação do TST, firmada no item IV do seu Enunciado 331 ['O inadimplemento das obrigações trabalhistas, por parte do empregador, implica a responsabilidade subsidiária do tomador dos serviços, quanto àquelas obrigações, inclusive quanto aos órgãos da administração direta, das autarquias, das fundações públicas, das empresas públicas e das sociedades de economia mista, desde que hajam participado da relação processual e constem também do título executivo judicial' (art. 71 da Lei nº 8.666, de 21.6.1993)]". ADC nº 16/DF. Relator: ministro. Cezar Peluso, 10 set. 2008, grifos nossos.

[65] Cf. MARTINS, Ives Gandra da Silva. A ação declaratória de constitucionalidade. In: _____; MENDES, Gilmar Ferreira (Coord.). *Ação declaratória de constitucionalidade*. São Paulo: Saraiva, 1994.

[66] STF. Medida Cautelar em Ação Direta de Inconstitucionalidade nº 913. Relator: ministro Moreira Alves. Julgamento em 18 ago. 1993.

da *Assembleia Legislativa* ou da *Câmara Legislativa do Distrito Federal* e do *governador de estado ou do Distrito Federal* no rol de legitimação ativa da ADC.

Conforme dispõe o art. 102, I, "a", da CRFB, a ADI será cabível contra lei ou ato normativo federal ou estadual, ao passo que a ADC não abrange as normas da esfera estadual. Destarte, verifica-se um notório anacronismo sistêmico no que diz respeito ao objeto da ADC, que em mais um item é desprestigiada em detrimento da ADI. Neste sentido, emerge uma questão que merece reflexão por parte da doutrina: considerando a omissão propositada do constituinte originário acerca do cabimento de ADC contra leis ou atos normativos estaduais, poderia ser aplicado o chamado princípio da simetria a fim de viabilizar a declaração de constitucionalidade das normas do direito estadual?

Dividida sobre a matéria, a doutrina pátria apresenta dois posicionamentos contrapostos. Em sentido minoritário, entende-se pela impossibilidade do cabimento de ADC no plano estadual, argumentando-se que o controle concentrado de constitucionalidade é exceção ao princípio da separação de poderes e que – por ser matéria de competência privativa da União –, a Constituição estadual não pode legislar sobre processo. Em sentido contrário, a doutrina majoritária assevera a constitucionalidade do cabimento de ADC em âmbito estadual e invoca como fundamento o princípio da simetria.[67] Assim, a Constituição estadual poderia tratar dessa matéria tendo em vista as normas previstas nos §§1º e 2º do art. 125 da CRFB. Com base nesse entendimento majoritário, alguns estados criaram ADC no plano estadual.[68]

---

[67] Vale salientar que a aplicação do princípio da simetria não é consenso na doutrina brasileira. Rejeitando sua existência, argumenta-se que, da forma pela qual é aplicado pelo STF, viola o princípio federalista e consiste na negação da auto-organização. Sobre a (in)existência e o (não) cabimento do princípio da simetria no ordenamento jurídico brasileiro.

[68] Até o presente momento, o STF ainda não se manifestou sobre o assunto.

Análise comparativa da ADI e da ADC

Tendo em vista as estruturas e os objetivos da ADI e da ADC, assim como o fato de que ambas as ações foram regulamentadas por meio de ritos e elementos processuais comuns, cumpre apresentar, comparativamente, suas semelhanças e diferenças quanto a esses aspectos que denotam as tendências do novo papel do Judiciário no Brasil:

- ❏ *Procedimento*. Previsto nos arts. 13 a 21 da Lei nº 9.868/1999, o procedimento da ADC consiste numa reprodução quase total do rito adotado na ADI (arts. 3º a 9º da mesma lei).
- ❏ *Contraditório*. Diferentemente do tratamento dispensado à ADI no art. 8º da Lei nº 9.868/1999, em relação à ADC não é previsto o contraditório e não há quem tenha o papel institucional de defender a inconstitucionalidade da lei ou do ato normativo em questão.[69] Não obstante, o procurador-geral da República, tal como na ADI, atua como *custos legis*.
- ❏ *Participação de amicus curiae*. Ao contrário do que ocorre na ADI, não há previsão expressa na lei acerca da participação de *amicus curiae* nos processos de ADC. Sem embargo, a doutrina a admite para a apresentação de pareceres e, inclusive, para a sustentação oral nas sessões de julgamento e para a interposição de recursos.[70]
- ❏ *Efeitos da medida cautelar*. Em que pese a igual estipulação do cabimento da concessão de medida cautelar em sede de

---

[69] Em um voto do ministro Sepúlveda Pertence, ficou assentada a possibilidade de defesa da inconstitucionalidade da norma mediante habilitação no processo, por parte de qualquer legitimado para a propositura de Adin, após a publicação de edital. Ademais, poder-se-ia cogitar da possibilidade de defender a inconstitucionalidade por meio da participação como *amicus curiae*, o que consistiria em uma forma de quem não foi legitimado para a ADC poder participar de tais processos. Na doutrina, tal posição é defendida por Gustavo Binenbojm (*A nova jurisdição constitucional brasileira*, 2004, op. cit., p. 177).

[70] Ibid., p. 159 e segs.

ADI (art. 10 da Lei nº 9.868/1999) e de ADC (art. 21 da mesma lei), seus efeitos diferem e revelam um elemento contraditório no que tange ao caso da ADC: enquanto a cautelar na ADI possui eficácia *erga omnes*, efeitos *ex nunc* e recoloca em vigor a legislação anterior (salvo manifestação expressa em contrário do STF), a cautelar na ADC possui eficácia *erga omnes* e suspende todos os processos relativos à matéria até seu julgamento, quando, na verdade, o correto seria a suspensão apenas do controle difuso (e não da íntegra) nos processos que envolvam a lei sob o crivo do STF.[71] Nesse sentido, pode-se até argumentar pela inconstitucionalidade do mencionado art. 21 por obstrução do acesso à Justiça.

❑ *Modalidades e efeitos das decisões.*[72] Ressalvado o fato de que o efeito vinculante na ADI abrange, além do dispositivo, os "fundamentos determinantes", o tratamento dispensado pela lei à ADI e à ADC é idêntico (eficácia *erga omnes* e efeito vinculante em relação a todos os órgãos do Judiciário e do Executivo – art. 28).[73] Dessa forma, verifica-se nos arts. 22 a 28 da Lei nº 9.868/1999 o chamado "caráter dúplice" ou "ambivalente" da ADI e da ADC, que é representado pelos

---

[71] Antes da edição da Lei nº 9.868/1999, o STF vinha entendendo pelo cabimento de cautelar em ADC – sem embargo de sua não previsão no art. 102, I, "p", da CRFB – com fundamento no poder geral de cautela dos juízes e tribunais (ADC nº 4 MC. Relator: ministro Sydney Sanches. Tribunal Pleno. Julgamento em 11 fev. 1998, *DJ*, 21 maio 1999 PP-00002 EMENT VOL-01951-01 PP-00001). Nesse sentido, o STF admite o manejo de reclamação (art. 102, I, "l", da CRFB) para garantir o cumprimento das cautelares em ADC. Cf. BINENBOJM, Gustavo. *A nova jurisdição constitucional brasileira*, 2004, op. cit., p. 178.

[72] De acordo com o art. 22 da Lei nº 9.868/1999, exige-se o quórum mínimo de oito ministros para o julgamento de Adin ou ADC. Segundo o art. 23 da mesma lei, a deliberação deverá ser realizada pela maioria absoluta, em respeito ao princípio da reserva de plenário (art. 97 da CRFB).

[73] Ao apreciar controvérsia sobre a constitucionalidade do art. 28 da Lei nº 9.868/1999, o STF decidiu por sua constitucionalidade e asseverou que a ADC é uma Adin com sinal trocado (STF. Reclamação nº 1.880/SP. Relator: ministro Maurício Corrêa. Julgamento em 7 nov. 2002).

efeitos simétricos de suas decisões.[74] Prevista no art. 27, uma das maiores inovações da Lei nº 9.868/1999 consiste na modulação dos efeitos temporais da declaração de inconstitucionalidade. Visando garantir a efetividade do direito no mundo dos fatos por meio da manutenção da segurança jurídica nas decisões em sede de controle de constitucionalidade, tal medida tem caráter excepcional e consiste na atribuição de efeitos *ex nunc* à declaração de inconstitucionalidade. Tendo em vista a consequente flexibilização do princípio da nulidade das leis inconstitucionais, a aplicação da modulação temporal das decisões deve ser sempre norteada pelos princípios da proporcionalidade e da razoabilidade.

❑ *Recorribilidade das decisões.* Tanto na ADI quanto na ADC, o art. 26 prevê que as decisões de mérito são irrecorríveis, exceto no caso de embargos de declaração. Segundo a jurisprudência do STF, não cabe ação rescisória contra decisões em sede de controle de constitucionalidade.[75]

Questões de automonitoramento

1. Após ler este capítulo, você é capaz de resumir o caso gerador do capítulo 6, identificando as partes envolvidas, os problemas atinentes e as soluções cabíveis?
2. Quais são as tendências adotadas pelo constituinte pátrio (originário e derivado) e pelo STF na instituição, na disci-

---

[74] BINENBOJM, Gustavo. *A nova jurisdição constitucional brasileira,* 2004, op. cit., p. 195. Ainda segundo o autor, "a procedência da ação direta de inconstitucionalidade equivale à improcedência da ação declaratória (proclamação da inconstitucionalidade de determinada lei ou ato normativo) e a improcedência da ação direta de inconstitucionalidade equivale à procedência da ação declaratória de constitucionalidade (proclamação da constitucionalidade de determinada lei ou ato normativo" (ibid., p. 181).
[75] STF. Ação Rescisória nº 878/SP. Relator: ministro Rafael Mayer. Julgamento em 19 mar. 1980.

plina e no manejo dos instrumentos de controle abstrato de constitucionalidade?
3. Indique as principais diferenças existentes entre a ação direta de inconstitucionalidade e a ação declaratória de constitucionalidade.
4. Pense e descreva, mentalmente, outras alternativas para a solução do caso gerador do capítulo 6.

3

Jurisdição constitucional (II). Arguição de descumprimento de preceito fundamental. Inconstitucionalidade por omissão: ação direta e mandado de injunção

Roteiro de estudo

Arguição de descumprimento de preceito fundamental

Com base na norma do art. 102, §1º, da Constituição Federal, a Lei nº 9.882/1999 regulamentou a arguição de descumprimento de preceito fundamental e introduziu novos institutos no ordenamento jurídico pátrio. Em razão de ser marcada notadamente por uma técnica legislativa questionável e por vetos presidenciais bastante incisivos, acusados de descaracterizarem tanto a lei quanto o instituto da ADPF, tal lei vem sendo alvo de frequentes críticas pela doutrina e, menos de um ano depois de sua promulgação, já estava sendo objeto de ADI, ainda pendente de julgamento.[76]

---

[76] BRASIL. Supremo Tribunal Federal. Ação Direta de Inconstitucionalidade nº 2.231-8/DF. Relator: ministro Néri da Silveira. Pendente de julgamento.

Ao contrário do que se almejava com a elaboração do projeto de lei destinado à sua regulamentação, a ADPF – tal como foi posta – revela uma finalidade contrária aos institutos do direito comparado que inspiraram sua adoção no Brasil.[77] Dessa forma, ao invés de tutelar os direitos fundamentais dos cidadãos em face do Estado, a ADPF simboliza um verdadeiro instrumento de proteção da governabilidade[78] do Estado e da higidez da ordem jurídica, bem como reforça a competência do Supremo Tribunal Federal por meio do enfraquecimento das atribuições de juízes e tribunais inferiores no exercício do controle concreto e difuso de constitucionalidade.[79] Nesse sentido, há quem entenda que a ADPF consiste em uma espécie de avocatória.[80] Segundo Gustavo Binenbojm, há elementos que revelam o perfil autoritário da ADPF e lhe conferem características de uma *avocatória rediviva*: o uso de conceitos jurídicos indeterminados; a não previsão da participação, na arguição incidental, das partes do processo originário e a castração (pelo veto presidencial) à legitimidade ativa para o manejo da ADPF por parte de qualquer cidadão.[81]

Não obstante essa série de críticas, a própria doutrina reconhece a importância das inovações colacionadas pela Lei nº

---

[77] Tendo em vista suas origens terem sido inspiradas pelo recurso de amparo espanhol e pelo recurso constitucional alemão, a ADPF deveria estar voltada para a proteção dos direitos fundamentais dos cidadãos, bem como deveria poder ser por estes manejada perante o STF.
[78] Na esteira da ADC, a regulamentação da ADPF também foi elaborada com a finalidade de combater a chamada "indústria de liminares", que tantos incômodos causava ao governo Fernando Henrique Cardoso.
[79] Cf. SARMENTO, Daniel. Apontamentos sobre a arguição de descumprimento de preceito fundamental. In: TAVARES, André Ramos; ROTHENBURG, Walter Claudius (Org.). *Arguição de descumprimento de preceito fundamental*: análises à luz da Lei nº 9.882/1999. São Paulo: Atlas, 2001. p. 108.
[80] FERREIRA FILHO, Manoel Gonçalves. O sistema constitucional brasileiro e as recentes inovações no controle de constitucionalidade. *Revista de Direito Administrativo*, Rio de Janeiro, n. 220, p. 14, abr./jun. 2000. Cf. BINENBOJM, Gustavo. *A nova jurisdição constitucional brasileira*. 2. ed. rev. e atual. Rio de Janeiro: Renovar, 2004. p. 210-211.
[81] Ibid., p. 212.

9.882/1999 para o desenvolvimento da jurisdição constitucional no Brasil por meio do manejo da ADPF. Nesse sentido, vale ressaltar alguns aspectos:

❏ com a ampliação da incidência do controle abstrato de constitucionalidade, passando-se a englobar o direito pré-constitucional, o direito municipal e o direito infralegal, considera-se que restam supridas importantes lacunas no controle concentrado;
❏ a implementação da arguição incidental, que permite a garantia de segurança jurídica por meio da apreciação antecipada, por parte do STF, de questões constitucionais relevantes;
❏ a ADPF viabiliza a possibilidade de um controle efetivo da inconstitucionalidade por omissão (desde que lhe seja atribuída uma abordagem progressista);[82]
❏ a ampliação da legitimidade democrática da jurisdição constitucional.

De acordo com sua previsão legal, a ADPF pode ser classificada em arguição autônoma e arguição incidental. Em sua modalidade autônoma (art. 1º, *caput*), a arguição representa um instrumento de controle abstrato de constitucionalidade que, pautado pelo princípio da subsidiariedade (art. 4º, §1º), caracteriza-se por ser um processo objetivo de incidência preventiva ou sucessiva. Por seu turno, a arguição incidental encontra previsão nos arts. 5º, §3º, e 6º, §1º, e provoca a apreciação, pelo STF, de questões constitucionais relevantes, mesmo ainda em discussão em juízos monocráticos ou em tribunais inferiores, nos casos de inexistência de outros meios para a proteção a preceitos fundamentais. Nesse caso, o STF não decidirá a demanda em concreto

---

[82] Cf. SARMENTO, Daniel. "Apontamentos sobre a arguição de descumprimento de preceito fundamental", 2001, op. cit., p. 100-103.

e somente se limitará a apreciar a questão constitucional (em abstrato), fixando posicionamento jurisprudencial que exercerá efeitos sobre casos semelhantes (art. 10, *caput* e §3º).

Basicamente, os objetivos da arguição incidental consistem em garantir a segurança jurídica por meio da fixação de decisões de efeitos vinculantes pelo STF e evitar o congestionamento de demandas – com a repetição demasiada de matérias – no STF.

Tendo em vista a natureza de conceito jurídico indeterminado da expressão *preceito fundamental* (art. 1º, *caput*, da Lei nº 9.882/1999), a doutrina adota duas posturas ao analisá-la como objeto[83] de proteção por parte da ADPF contra atos estatais. Primeiramente, há autores que tentam defini-la, tal como o faz André Ramos Tavares ao asseverar que os preceitos fundamentais abarcam regras e princípios (explícitos e implícitos) fundamentais previstos na Constituição. Em suas palavras, "são preceitos fundamentais aqueles que conformam a essência de um conjunto normativo-constitucional, conferindo-lhe identidade, exteriorizando o sustentáculo da própria Constituição".[84] Adotando uma postura mais cautelosa, autores como Daniel Sarmento e Gustavo Binenbojm reconhecem que a opção do constituinte pela utilização de um conceito de tal natureza se deve à finalidade de conferir flexibilidade à jurisprudência para sua fixação. Destarte, Daniel Sarmento afirma que "caberá, sobretudo ao Supremo Tribunal Federal, definir tal conceito, sempre

---

[83] Daniel Sarmento entende que tais dispositivos se aplicam à arguição autônoma e à incidental (cf. SARMENTO, Daniel. "Apontamentos sobre a arguição de descumprimento de preceito fundamental", 2001, op. cit., p. 90). Em sentido contrário, Juliano Taveira Bernardes argumenta que o art. 1º, *caput*, se refere à arguição autônoma e seu parágrafo único, apenas à incidental (BERNARDES, Juliano Taveira. Arguição de descumprimento de preceito fundamental. *Revista Jurídica Virtual*, n. 8, jan. 2000).

[84] TAVARES, André Ramos. Arguição de descumprimento de preceito fundamental: aspectos essenciais do instituto na Constituição e na lei. In: _____; ROTHENBURG, Walter Claudius (Org.). *Arguição de descumprimento de preceito fundamental*: análises à luz da Lei nº 9.882/99. São Paulo: Atlas, 2001. p. 53.

se baseando na consideração do dado axiológico subjacente ao ordenamento constitucional".[85]

Sem embargo, o mesmo autor caracteriza como preceitos fundamentais: (i) os direitos fundamentais; (ii) as normas, direitos e garantias albergados pelas chamadas cláusulas pétreas; e (iii) os princípios fundamentais da república.[86]

No que tange à abrangência da ADPF, cumpre verificar o alcance exegético da expressão *ato do poder público* (art. 1º, *caput*, da Lei nº 9.882/1999). Não obstante a previsão expressa das hipóteses de cabimento de ADPF nos casos de leis ou atos normativos federais, estaduais, municipais[87] e anteriores[88] à Constituição, tal expressão pode, em sentido amplo, açambarcar inclusive as leis e os atos normativos distritais (desde que de competência legislativa municipal),[89] os atos normativos infralegais[90] e "os atos de particulares que agem investidos de

---

[85] SARMENTO, Daniel. "Apontamentos sobre a arguição de descumprimento de preceito fundamental", 2001, op. cit., p. 91. Segundo Gustavo Binenbojm, "será necessário que a Corte estabeleça uma hierarquia axiológica entre os dispositivos formalmente constitucionais [...] a fim de que possa chegar àqueles considerados integrantes do seleto rol de preceitos fundamentais" (SARMENTO, Daniel. "Apontamentos sobre a arguição de descumprimento de preceito fundamental", 2001, op. cit., p. 210).

[86] Cf. SARMENTO, Daniel. "Apontamentos sobre a arguição de descumprimento de preceito fundamental", 2001, op. cit., p. 91.

[87] Alexandre de Moraes sustenta ser inconstitucional a instituição de controle abstrato sobre o direito municipal e invoca, como fundamento, a violação à vontade do constituinte de não introduzir esse controle (MORAES, Alexandre de. *Direito constitucional*. 8. ed. São Paulo: Atlas, 2000. p. 616). Em sentido contrário, Daniel Sarmento fundamenta que: (i) não há extensão de competência do STF por via legislativa; (ii) o art. 102, I, "a" não faz restrição ao controle sobre o direito municipal; apenas não faz previsão sobre ele; (iii) a Lei nº 9.882/1999 só está regulamentando a CRFB; e (iv) não cabe comparar a ADPF à Adin, vez que o cabimento da APDF é residual (SARMENTO, Daniel. "Apontamentos sobre a arguição de descumprimento de preceito fundamental", 2001, op. cit., p. 93).

[88] Defendendo o cabimento de ADPF nessa hipótese, Daniel Sarmento argumenta que o art. 102, I, "a", da CRFB não estabelece qualquer limitação quanto às normas pré-constitucionais e guarda sintonia com o direito comparado (ibid., p. 95).

[89] O fundamento para tal hipótese é o fato de que o STF admite o cabimento de Adin contra as normas distritais de competência legislativa estadual (ibid., p. 94).

[90] Nesse sentido, confira-se Daniel Sarmento, "Apontamentos sobre a arguição de descumprimento de preceito fundamental", 2001, op. cit., p. 95-96. Segundo o autor, "a Lei

autoridade pública, como os praticados por empresas concessionárias e permissionárias de serviço público".[91] Ainda na exegese da expressão *ato do poder público*, a doutrina infere a possibilidade de cabimento de ADPF para o controle das omissões inconstitucionais. Nessa senda, considerando que os atos do poder público podem ser produzidos tanto comissiva como omissivamente, Daniel Sarmento entende que a ADPF pode suprir a ineficiência dos mecanismos de controle das omissões inconstitucionais (a ação direta de inconstitucionalidade por omissão e o mandado de injunção), de maneira que venha a reparar as omissões legislativas (parciais ou totais) por meio de decisões que, sem ter a pretensão de elaborar normas gerais e abstratas no caso concreto, viabilizem a aplicação de preceitos fundamentais (de forma provisória) até que o legislador o faça de forma adequada.[92]

Por formar um processo objetivo, não há de se falar que a ADPF possui a figura do réu em seu procedimento. No máximo, poderia se considerar em tal posição as entidades que elaboraram a(s) norma(s) em questão, nos limites da prestação de esclarecimentos sobre a produção da norma. Destarte, por se tratar de

---

nº 9.882/99 permite o controle objetivo de constitucionalidade das normas secundárias, em razão da abrangência da redação do *caput* do seu art. 1º, que alude a qualquer ato do Poder Público que ameace ou viole preceito fundamental da Constituição". Portanto, "as normas legais secundárias, tais como o decreto regulamentar, encontram-se também sujeitas ao controle objetivo de constitucionalidade, via ADPF" (ibid., p. 95-96). De acordo com o entendimento clássico do STF, só cabe controle de inconstitucionalidade direta (contra normas primárias) e é admissível o controle de constitucionalidade sobre regulamentos, desde que estes sejam autônomos.
[91] Ibid., p. 91-92. Conforme se infere dessa passagem, o autor faz uma analogia com o mandado de segurança. No prosseguimento do seu estudo, ele considera cabível ADPF contra atos privados equiparáveis à ação estatal, respeitado o princípio da subsidiariedade, mas ressalta que a Lei nº 9.882/99 não fez previsão sobre o cabimento de ADPF nos casos de *drittwirkung*.
[92] Ibid., p. 102. Segundo o autor, "não só na hipótese tratada na ADPF nº 4, mas em qualquer caso de inconstitucionalidade por omissão, total ou parcial, em que o dispositivo constitucional possa ser considerado, por sua relevância, como preceito fundamental, e a omissão não recaia sobre órgão administrativo, a arguição será cabível".

processo objetivo, o próprio STF entende que não se aplicam as garantias do contraditório e da ampla defesa.[93]

Por outro lado, no que tange à legitimação ativa para a propositura de ADPF, há diversas celeumas e complexidades que têm merecido atenção pela doutrina. Primeiramente, no que tange ao rol de legitimados do art. 2º, I – que remete ao elenco do art. 103 da CRFB –, Gustavo Binenbojm verifica (e critica) a inexplicável não inclusão dos prefeitos municipais, das mesas das câmaras municipais e de "qualquer entidade pública ou privada de âmbito municipal".[94] Em segundo lugar, exsurge a questão do veto presidencial ao art. 2º, II, da Lei nº 9.882/1999, que descaracterizou o projeto de lei e eliminou a possibilidade de qualquer cidadão acessar diretamente o Tribunal Constitucional para obter a tutela de direitos fundamentais (tal como ocorre na Alemanha).[95] Segundo Gustavo Binenbojm, com os vetos presidenciais, a ADPF "ficou mais para avocatória do que para ação constitucional do cidadão",[96] pois se mudou o direcionamento da ADPF da tutela dos direitos fundamentais dos cidadãos em

---

[93] BRASIL. Supremo Tribunal Federal. Questão de Ordem em Ação Declaratória de Constitucionalidade nº 1/DF. Relator: ministro Moreira Alves. Julgado em 16 jun. 1995.
[94] Cf. BINENBOJM, Gustavo. *A nova jurisdição constitucional brasileira*, 2004, op. cit., p. 213.
[95] André Ramos Tavares argumenta que o veto ao art. 2, II, não teria afetado a questão do acesso direto dos cidadãos ao Tribunal Constitucional, pois a arguição incidental permitiria que a questão originada do processo intersubjetivo chegasse ao STF: "O princípio democrático e o princípio do acesso ao Judiciário encontram seu florescimento quando da adoção de uma ampla possibilidade de impugnação por via da arguição incidental [...]. Conclui-se, pois, que o veto criado pelo Executivo, quanto à possibilidade de propositura da arguição por qualquer pessoa lesada ou ameaçada, não surtiu efeitos práticos, uma vez que a natureza da arguição incidental exige um sistema de legitimados que seja diverso daquele engendrado para a ação autônoma de arguição (que se reporta aos mesmos legitimados para a propositura da Ação Direta de Inconstitucionalidade)" (TAVARES, André Ramos. "Arguição de descumprimento de preceito fundamental", 2001, op. cit., p. 72).
[96] Cf. BINENBOJM, Gustavo. *A nova jurisdição constitucional brasileira*, 2004, op. cit., p. 208-209.

face do Estado para uma proteção da ordem constitucional por meio de mais um mecanismo de processo objetivo. Por fim, em seu aspecto técnico e considerado em um sentido formal, o polo ativo da ADPF denota apenas as regras da indisponibilidade da demanda e da inadmissibilidade de desistência do processo.[97]

Passando em revista o procedimento da ADPF, Gustavo Binenbojm destaca quatro itens primordiais: (i) a subsidiariedade; (ii) a possibilidade de concessão de medida liminar; (iii) a ausência de participação das partes dos processos originários das arguições incidentais; e (iv) os efeitos das decisões. Vejamos:

❏ *Princípio da subsidiariedade.* Apesar de a Lei nº 9.882/1999 prever, em seu art. 4º, §1º, o não cabimento da ADPF quando houver outros meios eficazes para sanar a lesividade em questão,[98] a doutrina sustenta que, nas hipóteses de arguição incidental, a ADPF seria cabível mesmo nos casos em que ainda seja possível a interposição de recurso extraordinário. Assim, manifesta-se Daniel Sarmento no sentido de que "será cabível a arguição incidental, mesmo que, no processo específico em que tenha sido suscitada, exista a possibilidade de interposição de recurso".[99] Contudo, em 2009, o STF, ao apreciar no plenário liminar anteriormente deferida pelo ministro Marco Aurélio (caso Sean Goldman), entendeu

---

[97] Outro elemento pertinente ao aspecto formal da legitimação ativa da ADPF consiste na adoção, assim como na ADI, da figura dos legitimados não universais, sobre os quais incide a aplicação do requisito de admissibilidade da pertinência temática.
[98] Segundo André Ramos Tavares, há uma relação de concomitância da ADPF com a ADI, motivo pelo qual não haveria de se falar em um caráter residual da ADPF, pois ela absorveu questões da ADI. Ademais, argumenta o autor, nos casos das normas municipais e pré-constitucionais, a ADPF não é residual (TAVARES, André Ramos. "Arguição de descumprimento de preceito fundamental", 2001, op. cit., p. 42-43).
[99] Cf. SARMENTO, Daniel. "Apontamentos sobre a arguição de descumprimento de preceito fundamental", 2001, op. cit., p. 104. No mesmo sentido: MENDES, Gilmar Ferreira. Arguição de descumprimento de preceito fundamental: demonstração de inexistência de outro meio eficaz. *Revista Jurídica Virtual*, n. 13, jun. 2000.

não ser cabível a arguição de descumprimento de preceito fundamental ajuizada pelo Partido Progressista (PP) contra sentença proferida pelo Juízo da 16ª Vara Federal da Seção Judiciária do Rio de Janeiro, por reputar não atendido o princípio da subsidiariedade, revogando liminar anteriormente concedida.[100] Para o STF, a sentença deveria ser atacada por recurso de apelação.

❑ *Possibilidade de concessão de medida liminar.* Prevista em relação à ADPF no art. 5º, §3º, da Lei nº 9.882/1999, tal hipótese se assemelha à disposta no art. 21 da Lei nº 9.868/1999 e já vinha sendo admitida pelo STF com base no poder geral de cautela dos juízes.

❑ *Ausência de participação das partes dos processos originários das arguições incidentais.* Devido a tal omissão, considera-se que estão sendo violados os princípios do contraditório, da ampla defesa (art. 5º, LIV, da CRFB) e do devido processo legal (art. 5º, LV, da CRFB).

❑ A decisão na ADPF possui eficácia *erga omnes* na arguição autônoma, *erga vitimas* na arguição incidental e efeito vinculante em ambas.

Inconstitucionalidade por omissão: ação direta e mandado de injunção

Um dos grandes problemas enfrentados pelo direito consiste em seu descompasso em relação à evolução das demandas sociais. Tal fenômeno pode ser representado pela enorme discrepância existente entre os mundos fático e normativo, que, principalmente no período hodierno em que se reconhece a

---

[100] BRASIL. Supremo Tribunal Federal. ADPF nº 172 MC-REF. Relator: ministro Marco Aurélio. Julgado em 10 jun. 2009. *DJe*-157.

normatividade da Constituição e dos princípios constitucionais, revela uma omissão exagerada do poder público (Legislativo e Executivo) quanto à regulamentação e à efetivação das metas e programas de ação das constituições dirigentes. Nesse sentido, tendo em vista o grande déficit de legitimação democrática do Legislativo no Brasil – o qual é simbolizado essencialmente pelas crises da representação e da efetividade legiferante –, cada vez mais se observa a necessidade de implementar e intensificar uma judicialização da política como forma de cumprimento da Constituição.

Ação direta de inconstitucionalidade por omissão

Ao organizar a sistemática do controle abstrato de constitucionalidade, o constituinte de 1987-1988 avançou no tratamento antes conferido ao instituto da ação direta de constitucionalidade (instituído no Brasil em 1965) e implementou (no art. 102, §3º) uma modalidade específica de ação para o controle das omissões do poder público no que tange à regulamentação de direitos e metas previstos pela Constituição. Dessa forma, na esteira da Constituição portuguesa de 1976, foi introduzida, no ordenamento jurídico brasileiro, a ação direta de inconstitucionalidade por omissão, que, na definição de Luís Roberto Barroso, consiste em "mecanismo institucional de fiscalização abstrata, de competência concentrada no Supremo Tribunal Federal e materializada em processo objetivo".[101]

Destarte, considerando que a inconstitucionalidade pode ser produzida tanto por ação como por omissão, o constituinte foi além da tradição jurídica brasileira – que já previa meca-

---

[101] Cf. BARROSO, Luís Roberto. *O controle de constitucionalidade no direito brasileiro*. São Paulo: Saraiva, 2004. p. 92.

nismo processuais para a eliminação de omissões nos planos administrativo e judicial[102] – e instituiu instrumentos voltados para a supressão de condutas inertes na produção normativa do Poder Legislativo,[103] que, devido a sua natureza discricionária e ao princípio da separação de poderes, não pode ser impulsionada como se fosse um dever jurídico.[104] Sem embargo, além da não produção de normas primárias pelo Legislativo, o tratamento constitucional das omissões inconstitucionais engloba a inércia do Poder Executivo na elaboração de normas secundárias, tais como regulamentos, instruções e resoluções.

Como é cediço, a teoria do direito reconhece modalidades de omissão juridicamente relevantes, as quais podem ser definidas de acordo com sua abrangência em relação ao fenômeno normativo. Assim, a omissão pode ser total ou parcial – esta última relativa ou propriamente dita. No caso da omissão total, trata-se de inércia absoluta, uma vez que não existe norma regulando constitucionalmente a matéria – exemplos: art. 192, §3º, da CRFB (fixação da taxa de juros) e art. 37, VII, da CRFB (direito de greve). A omissão parcial costuma ser dividida em relativa e parcial propriamente dita. Na omissão relativa, existe uma norma que confere vantagens a certos grupos em detrimento de outros que deveriam estar em condições de igualdade.[105] No caso da omissão parcial propriamente dita, há norma constitucio-

---

[102] Em relação às omissões na atuação político-administrativa, o ordenamento brasileiro prevê o cabimento de remédios constitucionais, tais como o mandado de segurança e a ação civil pública. No que tange à eliminação das omissões na atuação estatal judicante, fica ao encargo do direito processual a previsão e a disciplina de diversos recursos judiciais.
[103] De acordo com Luís Roberto Barroso, geralmente, as omissões inconstitucionais incidem sobre "uma norma de organização ou em relação a uma norma definidora de direitos" (cf. BARROSO, Luís Roberto. *O controle de constitucionalidade no direito brasileiro*, 2004, op. cit., p. 197).
[104] Ibid., p. 196.
[105] Exemplo: art. 37, X, da CRFB até a EC nº 19.

nal, mas fica aquém do que deveria.[106] Quanto a sua incidência em relação aos destinatários da norma a ser regulamentada, a omissão pode ser absoluta ou relativa.

Desse modo, caracterizam-se como objeto da ação direta de inconstitucionalidade as omissões inconstitucionais configuradas pela abstenção ilegítima do poder público na elaboração de atos normativos – gerais, abstratos e obrigatórios – primários (leis) e secundários (regulamentos, instruções e resoluções).[107]

A questão da fixação da competência para o julgamento da ação direta de inconstitucionalidade por omissão não gera quaisquer discussões; afinal, varia de acordo com o pedido formulado (art. 102, I, "a", da CRFB), tal como na Adin e na ADC. Nessa esteira, a doutrina reconhece a admissibilidade de ação direta de inconstitucionalidade por omissão no plano estadual[108] e a fundamenta por meio dos seguintes argumentos: em razão da unicidade do fenômeno da inconstitucionalidade, os estados-membros podem instituir mecanismos de controle de constitucionalidade – desde que observado o modelo federal (princípio da simetria)[109] – por meio do exercício de sua autonomia (auto-organização e autogoverno), tal como previsto no caso da representação de inconstitucionalidade por ação, que passa a incidir também sobre as omissões (quem pode o mais pode o menos – a Adin retira a eficácia da norma).[110]

---

[106] Exemplo: art. 7º, IV, da CRFB (valor do salário mínimo).
[107] Cf. BARROSO, Luís Roberto. *O controle de constitucionalidade no direito brasileiro*, 2004, op. cit., p. 202.
[108] Cf. CLÈVE, Clèmerson Merlin. *A fiscalização abstrata da constitucionalidade no direito brasileiro*. 2. ed. rev., atual. e ampl. São Paulo: Revista dos Tribunais, 2000. p. 393-395.
[109] Cf. BARROSO, Luís Roberto. *O controle de constitucionalidade no direito brasileiro*, 2004, op. cit., p. 199.
[110] Apesar de reconhecer a possibilidade de instituir mecanismos de controle das omissões constitucionais na esfera dos estados-membros, Luís Roberto Barroso entende que o direito estadual tem pouca importância na sistemática constitucional (e federativa)

Em razão de se tratar de processo objetivo, as partes na ação direta de inconstitucionalidade por omissão devem ser compreendidas em sentido meramente formal.[111] Os legitimados ativos, de acordo com o art. 12-A da Lei nº 12.063/2009, são idênticos aos da Adin (art. 103 da CRFB) – inclusive no que se refere à classificação em legitimados universais e não universais.[112] O rol de legitimados da ação direta de inconstitucionalidade por omissão apresenta uma peculiaridade: todas as pessoas ou entidades são dotadas de legitimação extraordinária, pois as omissões legislativas possuem sempre a característica da generalidade. De outra banda, a legitimidade passiva cabe à "pessoa ou órgão responsável pela produção do ato exigido pela Constituição e que não foi editado",[113] e apresenta uma característica que a diferencia da Adin: na ação direta por omissão, caso seja verificada a inconstitucionalidade, o legitimado passivo tem a obrigação de realizar uma prestação positiva (a regulamentação da norma em questão).

Quanto ao procedimento a ser adotado, até 2009, quando inexistia previsão expressa acerca de um procedimento específico para a ação direta de inconstitucionalidade por omissão, adotava-se o mesmo rito da ação direta genérica.[114]

---

brasileira e, portanto, não dispensaria maior aprofundamento no seu manejo (ibid., p. 199).
[111] Não obstante, em respeito ao princípio da demanda, não se admite a declaração *ex officio* de inconstitucionalidade por omissão.
[112] Assim como na Adin, o STF exige dos legitimados não universais o preenchimento do requisito da pertinência temática, que consiste na comprovação da "existência de uma relação entre a omissão inconstitucional que se pretende ver reconhecida e suas respectivas atribuições ou áreas de atuação" (cf. BARROSO, Luís Roberto. *O controle de constitucionalidade no direito brasileiro*, 2004, op. cit., p. 201). Apenas a título de recordação, vale salientar que a exigência de comprovação de pertinência temática não possui previsão constitucional e foi instituída pelo STF através de construção jurisprudencial (BRASIL. Supremo Tribunal Federal. Ação Direta de Inconstitucionalidade nº 1.096/RS. Relator: ministro Celso de Mello. Julgado em 16 mar. 1995).
[113] BARROSO, Luís Roberto. *O controle de constitucionalidade no direito brasileiro*, 2004, op. cit., p. 201.
[114] BRASIL. Supremo Tribunal Federal. Questão de Ordem em Ação Direta de Inconstitucionalidade nº 2.162. Relator: ministro Moreira Alves. Julgado em 4 maio 2000.

Após a edição da Lei nº 12.063/2009, que alterou a Lei nº 9.868/1999, a ação passou a ter algumas peculiaridades, com a aplicação, no que couber, do procedimento adotado para ADIs, conforme dispõe o art. 12-E da Lei nº 9.868/1999.

Conforme as disposições específicas, a petição inicial deve indicar, além do pedido de ação, sua causa de pedir, representada pela "omissão inconstitucional total ou parcial quanto ao cumprimento de dever constitucional de legislar ou quanto à adoção de providência de índole administrativa". Além disso, assim como nas ações diretas de inconstitucionalidade, não são cabíveis pedidos de desistência (art. 12-D), e o relator pode solicitar a manifestação do advogado-geral da União (art. 12-E, §2º). Trata-se de uma *faculdade*, pois nem sempre haverá ato normativo a ser defendido, como em caso de omissão total da lei, o que, de qualquer forma, não impede a manifestação do AGU, que pode fazê-lo, por exemplo, pela inexistência de omissão do poder público. A manifestação do advogado, assim, é possível, mas não obrigatória. Já o procurador-geral da República terá vista dos autos em todas as ações em que não for autor (art. 12-E, §3º).

Com relação à participação dos *amici curiae* e à realização de audiências públicas, embora não haja previsão legal, Binenbojm entende pela possibilidade das mesmas, à luz dos arts. 12-E c/c arts. 7º, §§2º e 9º, §1º da Lei nº 9.869/1999.

Há também importante inovação com a possibilidade de manifestação dos demais titulares, por escrito, sem a necessidade de autorização pelo relator, conforme dispõe o §1º do art. 12-E. Trata-se de disposição que havia sido vetada na Lei nº 9.868, quando de sua promulgação.

Admite-se a perda de objeto na ação direta de inconstitucionalidade por omissão em duas hipóteses: (i) quando houver revogação da norma carente de regulamentação ou (ii) quando tiver sido encaminhado ao Congresso Nacional projeto de lei que preveja a regulamentação da norma em questão. Uma vez iniciado o processo, o STF não admite a conversão de mandado de injunção em ação direta de inconstitucionalidade por omissão, pois entende que não há fungibilidade entre as ações.[115] No mesmo sentido, não obstante reconheça a possibilidade de cumulação (ou pelo menos alternância) de pedidos de declaração de inconstitucionalidade por ação ou omissão,[116] o STF não aceita a conversão de ação direta de inconstitucionalidade por omissão em ação direta genérica, uma vez que identifica, em tais hipóteses, uma diversidade de pedidos.[117]

Quanto à possibilidade de concessão de medida cautelar, ao contrário do que entendiam doutrina e jurisprudência – que refutavam seu cabimento no âmbito da ação direta de inconstitucionalidade por omissão,[118] invocando o argumento de que tal hipótese era inviável, pois o STF não admite expedir provimento positivo nem em decisão final[119] –, a Lei nº 12.016/2009 trouxe a possibilidade de cautelar, em caso de excepcional urgência e relevância da matéria, em decisão da maioria absoluta de seus membros e após a audiência dos órgãos ou autoridades responsáveis pela omissão inconstitucional, que terão o prazo de cinco dias para se pronunciar. Nestes casos, de acordo com a lei, a

---

[115] Cf. BRASIL. Supremo Tribunal Federal. Mandado de Injunção nº 395/PR. Relator: ministro Moreira Alves. Julgado em 27 maio 1992.
[116] Cf. BRASIL. Supremo Tribunal Federal. Ação Direta de Inconstitucionalidade nº 1.600/UF, Relator: ministro Sydney Sanches. Julgado em 26 nov. 2001.
[117] Cf. BRASIL. Supremo Tribunal Federal. Ação Direta de Inconstitucionalidade (MC) nº 1.439/DF. Relator: ministro Celso de Mello. Julgado em 22 maio 1996. Cf. também ADI nº 1.442. Relator: ministro Celso de Mello. Tribunal Pleno. Julgado em 3 nov. 2004. DJ, 29 abr. 2005 PP-00007 EMENT VOL-02189-1 PP-00113 RTJ VOL-00195-03 PP-00752.
[118] Cf. BRASIL. Supremo Tribunal Federal. Ação Direta de Inconstitucionalidade (MC) nº 267-8. Relator: ministro Celso de Mello. Julgado em 25 out. 1990; BRASIL. Supremo Tribunal Federal. Ação Direta de Inconstitucionalidade (MC) nº 361/DF. Relator: ministro Marco Aurélio. Julgado em 5 out. 1990.
[119] Cf. BARROSO, Luís Roberto. O controle de constitucionalidade no direito brasileiro, 2004, op. cit., p. 206.

Corte poderia suspender a aplicação da lei ou do ato normativo questionado, no caso de omissão parcial, assim como suspender os processos judiciais ou de procedimentos administrativos. A medida cautelar pode, ainda, consistir em "outra providência a ser fixada pelo tribunal".

Destarte, podem ser postuladas, nos casos de omissão total, a constituição em mora e a notificação do poder competente (Legislativo) ou do órgão administrativo (Executivo) para a tomada das medidas cabíveis para a eliminação da omissão – cabendo, somente no caso dos órgãos administrativos, a fixação de um prazo de 30 dias para o cumprimento da decisão, sob pena de responsabilização.[120] Nesse sentido, verifica-se que, apesar de admitir a prolação de decisões de caráter declaratório e mandamental, respectivamente, o STF se esquiva da tarefa de formular normas jurídicas para a regulamentação de normas constitucionais no caso concreto. Para tanto, a Corte comumente invoca como fundamento a impossibilidade de atuar como "legislador positivo".[121]

Nos casos de omissão parcial, considera-se que a declaração de inconstitucionalidade da conduta regulamentadora insuficiente pode gerar insegurança jurídica, uma vez que se transformaria uma norma precária em uma norma inexistente.

---

[120] Cf. BRASIL. Supremo Tribunal Federal. Ação Direta de Inconstitucionalidade nº 2.061/DF. Relator: ministro Ilmar Galvão. Julgado em 25 abr. 2001; STF. Mandado de Segurança nº 22.439. Relator: ministro Maurício Corrêa. Julgado em 15 maio 1996. Segundo Daniel Sarmento: "A Adin por Omissão não permite a aplicação de qualquer mecanismo sancionatório contra o Poder Legislativo, quando este persistir na omissão, mesmo após o julgamento do Supremo Tribunal Federal. Por isso, a inconstitucionalidade por omissão revelou-se, na prática, um instrumento praticamente inócuo, pois não se mostrou hábil para corrigir a crônica inércia do legislador em disciplinar certos comandos constitucionais" (SARMENTO, Daniel. "Apontamentos sobre a arguição de descumprimento de preceito fundamental", 2001, op. cit., p. 100).
[121] Cf. BRASIL. Supremo Tribunal Federal. Ação Direta de Inconstitucionalidade (MC) nº 1.458/DF. Relator: ministro Celso de Mello. Julgado em 23 maio 1996. Em sentido diverso da ação direta de inconstitucionalidade por omissão, o STF reconhece que pode editar normas no caso concreto no julgamento de mandado de injunção.

Como já visto, a omissão relativa denota sempre uma violação ao princípio da isonomia. Desse modo, em casos como os de reajuste desigual na remuneração de militares e civis, há três possibilidades de proceder para o reconhecimento da inconstitucionalidade das normas que, devido a uma omissão relativa, tenham proporcionado a criação de situações anti-isonômicas: (a) declaração positiva de inconstitucionalidade, com a consequente eliminação da vantagem concedida a certo grupo de pessoas; (b) declaração de nulidade sem redução de texto, que ensejará a constituição em mora e a notificação do poder competente ou do órgão administrativo para a eliminação da omissão parcial; ou (c) "decisão aditiva", que estende a vantagem aos grupos prejudicados.[122]

Isso posto, cumpre examinar os efeitos das decisões em ação direta de inconstitucionalidade por omissão. Em relação a seus limites objetivos, entende-se que "se a norma é autoaplicável, não haverá necessidade de ação de inconstitucionalidade por omissão, que, consequentemente será descabida".[123] Quanto aos limites subjetivos, conforme o art. 12-H da Lei nº 12.016/2009, segue-se a lógica da Adin (efeitos *erga omnes* e eficácia vinculante – art. 28 da Lei nº 9.868/1999). Por fim, no que tange aos efeitos temporais, não se admite a retroatividade ao período de elaboração da norma carente de regulamentação, mas pode-se admitir, como início da contagem de tais efeitos (*ex nunc*), o momento da decisão judicial que constitui em mora o

---

[122] Apesar de geralmente rejeitar essa hipótese (BRASIL. Supremo Tribunal Federal. Ação Direta de Inconstitucionalidade nº 529/DF. Relator: ministro Sepúlveda Pertence. Julgado em 19 jun. 1991), o STF produziu um precedente em tal sentido em julgamento de mandado de segurança (STF. Recurso em Mandado de Segurança nº 22.307/DF. Relator: ministro Marco Aurélio. Julgado em 19 fev. 1997).

[123] Cf. BARROSO, Luís Roberto. *O controle de constitucionalidade no direito brasileiro*, 2004, op. cit., p. 214. Cf. Supremo Tribunal Federal. Ação Direta de Inconstitucionalidade (MC) nº 297/DF. Relator: ministro Octávio Galloti. Julgado em 25 abr. 1996.

Legislativo ou o Executivo.[124] Nesse sentido, o STF já considerou que a mora podia ser caracterizada em 12 meses nos casos de não encaminhamento de mensagem do Executivo acerca de leis que devem ser aprovadas anualmente.[125]

Na análise de Luís Roberto Barroso, a questão das omissões inconstitucionais não é solucionada de forma adequada e eficiente pela sistemática constitucional pátria, uma vez que os mecanismos jurídicos reparadores por ela formulados (e disciplinados) não possuem a eficácia necessária para a implementação concreta dos direitos e metas político-sociais previstos pela Constituição de 1988. Nesse sentido, o autor considera que os instrumentos jurídicos de controle das omissões inconstitucionais se limitam à produção de efeitos meramente morais ou políticos e não conseguem ultrapassar dificuldades tais como o conservadorismo do STF na compreensão (e aplicação) do princípio da separação de poderes e na relação deste com os princípios da democracia e da supremacia da Constituição.

Não obstante, vale ressaltar que, embora em regra adote posição clássica de emissão de provimento declaratório de inconstitucionalidade, o STF já adotou postura mais concretista, estabelecendo prazo de 18 meses para que o Congresso Nacional adotasse as providências necessárias. De acordo com trecho da ementa da referida decisão:

> Ação julgada procedente para declarar o estado de mora em que se encontra o Congresso Nacional, a fim de que, em prazo razoável de 18 (dezoito) meses, adote ele todas as providências legislativas necessárias ao cumprimento do dever constitucional imposto pelo art. 18, §4º, da Constituição, devendo ser contem-

---

[124] BARROSO, Luís Roberto. *O controle de constitucionalidade no direito brasileiro*, 2004, op. cit., p. 214.
[125] Cf. Supremo Tribunal Federal. Ação Direta de Inconstitucionalidade nº 2.061/DF. Relator: ministro Ilmar Galvão. Julgado em 25 abr. 2001.

pladas as situações imperfeitas decorrentes do estado de inconstitucionalidade gerado pela omissão. Não se trata de impor um prazo para a atuação legislativa do Congresso Nacional, mas apenas da fixação de um parâmetro temporal razoável, tendo em vista o prazo de 24 meses determinado pelo Tribunal nas ADI nos 2.240, 3.316, 3.489 e 3.689 para que as leis estaduais que criam municípios ou alterem seus limites territoriais continuem vigendo, até que a lei complementar federal seja promulgada contemplando as realidades desses municípios.[126]

Mandado de injunção

Caracterizado por sua origem controversa e por seu caráter promissor, o instituto do mandado de injunção foi inserido na Constituição Federal de 1988 como mecanismo destinado a conferir efetividade às normas constitucionais via supressão de omissões legislativas na regulamentação de direitos fundamentais (especialmente os direitos sociais prestacionais). Nas palavras de Luís Roberto Barroso, o mandado de injunção tem por função o "controle incidental da omissão, tendo sido concebido para a tutela de direitos subjetivos constitucionais, frustrados pela inércia ilegítima do Poder Público".[127] Ao elencar o instituto em seu catálogo de direitos e garantias fundamentais, mais especificamente em seu art. 5º, LXXI, a Constituição Federal se limitou a indicar sua aplicabilidade, tendo deixado de mencionar sua regulamentação e seu procedimento.[128]

---

[126] BRASIL. Supremo Tribunal Federal. ADI nº 3.682. Relator: ministro Gilmar Mendes. Tribunal Pleno. Julgado em 9 maio 2007.
[127] Cf. BARROSO, Luís Roberto. *O controle de constitucionalidade no direito brasileiro*, 2004, op. cit., p. 92-93.
[128] Não obstante tenha-se sustentado posição em contrário na doutrina (FERREIRA FILHO, Manoel Gonçalves. *Curso de direito constitucional*. São Paulo: Saraiva, 1996. p. 276-277), o STF adotou a tese de que o mandado de injunção é autoaplicável e a fundamentou no art. 5º, §1º, da CRFB (STF. Mandado de Injunção nº 211/DF. Relator: ministro Octávio Galloti. Julgado em 10 nov. 1993).

De acordo com a Constituição Federal, a competência (originária e recursal) para o processamento e julgamento do mandado de injunção é distribuída de acordo com a esfera estatal e a seara normativa em que a regulamentação da norma deveria ter sido realizada. Dessa forma, excluídos de tal mister os juízes monocráticos,[129] a competência do STF, do STJ e dos TREs é prevista, respectivamente, pelos arts. 102, I, "q", 105, I, "h" e 121, §4º, V, da Constituição e pode ser fixada no caso concreto por dois critérios:

❑ *Critério ratione personae*. Adotado majoritariamente no STF, esse critério estabelece que o polo passivo das demandas envolvendo mandado de injunção é composto pelo órgão omisso (e não por aquele a quem competiria concretizar a prestação reclamada).

❑ *Critério da responsabilidade*. Sustentado pelo professor Luís Roberto Barroso, o segundo critério indica que o polo passivo deve ser integrado pelo órgão responsável pela efetivação da concretização da medida pleiteada para a regulamentação da norma.[130]

Na esteira da ação direta de inconstitucionalidade por omissão, o mandado de injunção também foi amplamente adotado pelos estados-membros por meio de sua incorporação nos textos constitucionais estaduais. Sem embargo de a competência para seu processamento e seu julgamento caberem aos tribunais de justiça, a doutrina admite a possibilidade de atribuí-la aos juízes

---

[129] O fundamento apresentado para tal exclusão consiste no desiderato de manutenção da uniformidade e da coerência na integração de lacunas, a qual poderia ficar prejudicada pelo caráter difuso das decisões tomadas pelos juízes monocráticos (cf. BARROSO, Luís Roberto. *O controle de constitucionalidade no direito brasileiro*, 2004, op. cit., p. 93).
[130] Ibid., p. 94.

de primeiro grau em alguns casos, mais especificamente nas hipóteses de omissão relativa a normas municipais.[131]

No que diz respeito à legitimação para a propositura de mandado de injunção, uma aplicação analógica do art. 5º, LXX, da Constituição indica que poderão fazer uso desse instrumento os titulares do direito que demanda a elaboração da norma regulamentadora, inclusive na forma de um "mandado de injunção coletivo". Ademais, nas hipóteses que versarem sobre direitos difusos ou coletivos, caberá ao Ministério Público atuar como substituto processual, na forma do art. 6º, VIII, da LC nº 75/1993. De outra banda, há três entendimentos acerca da composição do polo passivo:[132] (i) a autoridade ou o órgão público imputado(a) como omisso(a) na regulamentação da norma, podendo haver litisconsórcio com a(s) entidade(s) pública(s) ou privada(s) que venha(m) a ter de prestar a injunção; (ii) a autoridade ou o órgão responsável pela prestação da obrigação necessária para a concretização da norma (não se trata do agente omisso); (iii) a autoridade ou o órgão omisso(a), sem se considerar a entidade devedora da prestação (tese encampada pelo STF).[133]

Questão extremamente polêmica e controversa diz respeito ao objeto do mandado de injunção. Basicamente, diverge-se se o mandado de injunção se destina a possibilitar "o suprimento judicial da norma faltante ou a estimular a produção da norma pelo órgão competente".[134] Posicionando-se sobre o assunto, o STF decidira adotar uma postura conservadora, atendo-se à possibilidade de notificação dos agentes estatais para a elabora-

---

[131] Ibid., p. 94.
[132] Ibid., p. 96-98.
[133] Mandado de Injunção nº 323-8/DF. Relator: ministro Moreira Alves. Julgado em 8 abr. 1994.
[134] BARROSO, Luís Roberto. *O direito constitucional e a efetividade de suas normas*: limites e possibilidades da Constituição brasileira. Rio de Janeiro: Renovar, 2009. p. 256.

ção da norma regulamentadora.[135] Entretanto, esta não parece mais ser a postura do STF a respeito do mandado de injunção, o qual, na esteira do ativismo judicial predominante na Corte, tem assumido uma verdadeira missão de assegurar a efetividade das normas constitucionais. Neste sentido, a nova orientação jurisprudencial do STF, fixada no julgamento do MI nº 721/DF (*DJe*, 30 nov. 2007), tem sido a de não apenas reconhecer a mora legislativa, como também suprir a lacuna legislativa, aplicando ao caso determinada norma jurídica já existente, até que sobrevenha a norma específica regulamentadora. Vários julgados orientados por este entendimento podem ser citados como exemplos: MI nº 670/ES (*DJe*, 31 out. 2008); MI nº 708/DF (*DJe*, 31 out. 2008);[136] MI nº 712/PA (*DJe*, 31 out. 2008); e o recente MI nº 795/DF (*DJe*, 22 maio 2009).[137]

---

[135] Nessa linha, o STF já decidiu que: (i) não cabe mandado de injunção, mas sim mandado de segurança em relação a normas autoaplicáveis (STF. Mandado de Injunção nº 74-3/SP. Relator: ministro Carlos Madeira. Julgado em 15 mar. 1989; STF. Mandado de Injunção nº 363-7/RJ); (ii) o processo do mandado de injunção perderá o objeto quando, posteriormente a sua instauração, for editada norma (mesmo via medida provisória) que regule o direito em questão e viabilize seu exercício (STF. Mandado de Injunção nº 288/DF. Relator: ministro Celso de Mello); (iii) não cabe mandado de injunção se o Executivo já tiver enviado projeto de lei para o Congresso Nacional ou se tiver sido por este analisado (Mandado de Injunção nº 193-6/RJ. Relator: ministro Célio Borja).

[136] Cf. a interessante ementa do julgado, que apresenta a evolução da percepção do mandado de injunção como garantia fundamental na jurisprudência do STF (MI nº 708. Relator: ministro Gilmar Mendes. Tribunal Pleno. Julgado em 25 out. 2007. *DJe*-206 DIVULG 30 out. 2008. PUBLIC 31 out.2008. EMENT VOL-02339-02 PP-00207). Cf. também BARROSO, Luís Roberto. *O direito constitucional e a efetividade de suas normas*, 2009, op. cit., p. 266-275.

[137] No caso, investigador da polícia civil do estado de São Paulo impetrou mandado de injunção, pleiteando a supressão da lacuna normativa constante do §4º do art. 40 da CRFB, assentando-se seu direito à aposentadoria especial, em razão do trabalho estritamente policial, por 25 anos, em atividade considerada perigosa e insalubre. O STF julgou procedente o pedido formulado para reconhecer a mora legislativa e a necessidade de dar eficácia às normas constitucionais e efetividade ao direito do impetrante, suprir a falta da norma regulamentadora a que se refere o artigo constitucional, aplicando ao caso, no que couber e a partir da comprovação dos dados perante a autoridade administrativa competente, o art. 57 da Lei nº 8.213/1991 (MI nº 795. Relatora: ministra. Cármen Lúcia. Tribunal Pleno. Julgado em 15 abr. 2009. *DJe*-094 DIVULG 21-05-2009 PUBLIC 22-05-2009 EMENT VOL-02361-01 PP-00078).

A doutrina pátria,[138] antes mesmo da nova tendência jurisprudencial da Corte, já entendia pela viabilidade da eliminação da lacuna normativa via construção da norma regulamentadora, por parte do STF, no caso concreto (com efeitos *inter partes*).[139] De acordo com esse posicionamento, "o órgão jurisdicional substitui o órgão legislativo ou administrativo competentes para criar a regra, criando ele próprio, para os fins estritos e específicos do litígio que lhe cabe julgar, a norma necessária".[140]

Por fim, adotando uma posição eclética, Hely Lopes Meirelles sustenta ambas as hipóteses em conjunto.[141]

Tendo em vista a ausência de regulamentação constitucional e legislativa para o procedimento do mandado de injunção, o STF vinha adotando normalmente o rito do mandado de segurança, o qual acabou sendo atribuído expressamente ao mandado de injunção pela Lei nº 8.038/1990 (art. 24, parágrafo único). Nessa linha de não regulamentação legal, coube ao STF decidir que não é cabível a concessão de medida cautelar em mandado de injunção.[142]

---

[138] Por todos: BARROSO, Luís Roberto. *O controle de constitucionalidade no direito brasileiro*, 2004, op. cit., p. 104.
[139] Cf. SILVA, José Afonso da. *Curso de direito constitucional positivo*. 19. ed. São Paulo: Malheiros, 2001, p. 452; VELLOSO, Carlos Mário da Silva. As novas garantias constitucionais. *Revista dos Tribunais*, v. 644, 1989; SLAIBI FILHO, Nagib. *Anotações à Constituição de 1988*. Rio de Janeiro: Forense, 1989. p. 366; BARROSO, Luís Roberto. *O controle de constitucionalidade no direito brasileiro*, 2004, op. cit., p. 98-99.
[140] Ibid., p. 99.
[141] Cf. MEIRELLES, Hely Lopes. *Mandado de segurança, ação popular, ação civil pública, mandado de injunção, "habeas data", ação direta de inconstitucionalidade, ação declaratória de constitucionalidade e arguição de descumprimento de preceito fundamental*. São Paulo: Malheiros, 2003b. p. 141 apud BARROSO, Luís Roberto. *O controle de constitucionalidade no direito brasileiro*, 2004, op. cit., p. 98.
[142] Cf. STF. Medida Cautelar em Mandado de Injunção nº 520-6/SP. Relator: ministro Celso de Mello. Em sentido contrário, entendendo pela hipótese de cabimento de medida cautelar em mandado de injunção, Luís Roberto Barroso invoca a possibilidade de analogia com o mandado de segurança (art. 7º, II, da Lei nº 1.533/1951). Cf. BARROSO, Luís Roberto. *O controle de constitucionalidade no direito brasileiro*, 2004, op. cit., p. 103; CARRAZZA, Roque Antonio. Ação de inconstitucionalidade por omissão e mandado de injunção. *Cadernos de Direito Constitucional e Ciência Política*, Revista dos Tribunais,

Outra celeuma que faz parte dos debates sobre o mandado de injunção consiste na delimitação dos efeitos de suas decisões. Sobre a matéria, manifestam-se três correntes de pensamento divergentes:

❑ *Teoria concretista do mandado de injunção.* Majoritária no âmbito doutrinário, essa corrente considera o mandado de injunção como tendo caráter instrumental e sustenta que sua decisão é de natureza constitutiva, uma vez que caberia ao juiz criar a norma regulamentadora no caso concreto (com eficácia inter partes) por meio de decisão apta a declarar nulidade de atos, constituir novas relações jurídicas, condenar pessoas, órgãos e/ou entidades à prestação ou à abstenção de alguma(s) medida(s) de cunho normativo regulamentador.[143] Em suma, de acordo com esse entendimento, compete ao órgão jurisdicional proporcionar o gozo de direito não regulamentado no caso concreto, o que se assemelha a um julgamento por equidade. Esta parece ser a nova posição do STF a partir do que a própria Corte passou a chamar de "evolução da garantia fundamental do mandado de injunção", onde não mais se limita o STF a notificar a mora do Poder Legislativo, mas a fixar-lhe prazo para legislar sobre a matéria, aplicando ao caso e a semelhantes a norma que entenda pertinente até que sobrevenha a norma regulamentadora a ser promulgada pelo Legislativo. A mudança de entendimento ocorreu

---

v. 3, p. 130, 1993. Com a nova orientação do STF, segundo Barroso, "não resta dúvida ser possível a formulação da regra faltante para o caso concreto *in limine litis*, de caráter provisório, por aplicação analógica do disposto acerca do mandado de segurança (art. 7º, II, da Lei nº 1.533/1951)". Cf. BARROSO, Luís Roberto. *O direito constitucional e a efetividade de suas normas*, 2009, op. cit., p. 275.

[143] Cf. BARROSO, Luís Roberto. *O controle de constitucionalidade no direito brasileiro*, 2004, op. cit., p. 105; CALMON DE PASSOS, J. J. *Mandado de segurança coletivo, mandado de injunção, "habeas data"*: constituição e processo. Rio de Janeiro: Forense, 1989. p. 124; BARBI, Celso Agrícola. Mandado de injunção. In: TEIXEIRA, Sálvio de Figueiredo (Org.). *Mandado de segurança e de injunção*. São Paulo: Saraiva, 1990. p. 391.

no julgamento, em conjunto, dos mandados de injunção nos 670/ES, 708/DF e 712/PA, que versavam sobre a ausência de norma regulamentadora para o direito de greve dos servidores públicos, decidindo o STF pela "aplicação analógica da lei que regula o direito de greve dos empregados da iniciativa privada (Lei nº 7.783/1989)".[144]

❏ *Teoria limitadora do mandado de injunção.* Antigamente majoritária entre os ministros do STF[145] e adotada na doutrina Hely Lopes Meirelles,[146] esta linha teórica compreende a decisão em mandado de injunção como de caráter mandamental – equiparando-a à decisão proferida na ação direta de inconstitucionalidade por omissão –, de maneira que somente caberia ao Poder Judiciário a tarefa de notificar o órgão omisso acerca da sua incidência em mora em relação à elaboração da norma regulamentadora. O principal fundamento invocado consiste na concepção tradicional do princípio da separação de poderes.[147]

❏ *Teoria limitadora (mitigada) do mandado de injunção.* Em julgados ulteriores, sem que ainda tivesse aderido à teoria concretista do mandado de injunção, o STF formulou outra tese e atenuou seu entendimento anterior. Dessa forma, decidiu-se que "em subsistindo a lacuna legislativa, após o

---

[144] BARROSO, Luís Roberto. *O direito constitucional e a efetividade de suas normas*, 2009, op. cit., p. 273. Analisa o autor que a decisão proferida nos mandados de injunção acima referidos é aplicável a todos os servidores, afastando os efeitos da omissão legislativa genericamente, e não com efeito apenas *inter partes*, tendo o STF, com essa decisão, diferenciado, em relação aos efeitos, o mandado de injunção da ação direta de inconstitucionalidade por omissão, "conferindo ao primeiro a potencialidade de afastar, desde logo, a omissão inconstitucional" (ibid., p. 274).
[145] Cf. BRASIL. Supremo Tribunal Federal. Mandado de Injunção nº 284/DF. Relator: ministro Marco Aurélio. Julgado em 22 nov. 1992.
[146] Cf. MEIRELLES, Hely Lopes. *Mandado de segurança, ação popular...*, 2003b, op. cit., p. 144.
[147] Cf. BRASIL. Supremo Tribunal Federal. Mandado de Injunção nº 107-3/DF. Relator: ministro Moreira Alves. Julgado em 21 nov. 1990.

prazo dado para a purgação da mora, seria possível ao titular obter reparação por perdas e danos".[148] Posteriormente, o STF reafirmou essa mudança de posicionamento e asseverou a possibilidade de a própria Corte declarar certas normas como autoaplicáveis.[149]

Adotando uma posição pessimista em relação à potencialidade do mandado de injunção no ordenamento jurídico brasileiro, Luís Roberto Barroso asseverava que o instituto jamais mostrou a que veio e se revelava ineficiente para o cumprimento das suas missões de combater as omissões legislativas e de conferir concretude às metas e aos direitos previstos na Constituição. De acordo com o autor, principalmente em razão da posição extremamente defensiva que era adotada em seu manejo pelo STF,[150] o mandado de injunção havia perdido sua

---

[148] Ao apreciar um caso em que se arguia inconstitucionalidade de omissão relativa à não regulamentação do art. 8º, §3º, do ADCT, o STF notificou o Congresso e fixou um prazo para edição de lei regulamentadora, o qual, caso fosse desrespeitado, ensejaria que o requerente fizesse *jus* a ingressar com uma ação de reparação de perdas e danos contra o Congresso, na forma do Código Civil (BRASIL. Supremo Tribunal Federal. Mandado de Injunção nº 283-5/DF. Relator: ministro Sepúlveda Pertence. Julgado em 20 mar. 1991). No julgamento do Mandado de Injunção nº 284-3/DF (relatado pelo ministro Marco Aurélio e julgado em 22 nov. 1992), o STF acabou firmando posicionamento no sentido de que: "(a) admitiu converter uma norma constitucional de eficácia limitada (porque dependente de norma infraconstitucional integradora) em norma de eficácia plena; (b) considerou o mandado de injunção hábil para obter a regulamentação de qualquer direito previsto na Constituição, e não apenas dos direitos e garantias fundamentais constantes do seu Título II" (BARROSO, Luís Roberto. *O controle de constitucionalidade no direito brasileiro*, 2004, op. cit., p. 108).

[149] Julgando processo de mandado de injunção em que uma entidade de assistência social alegava ter direito a isenção fiscal, com base no art. 195, §7º, da CRFB e requeria a elaboração de lei regulamentadora, o STF decidiu que, se a requerente satisfizesse os requisitos para se caracterizar como tal, poderia gozar da isenção fiscal em razão do reconhecimento da autoaplicabilidade de tal norma constitucional (BRASIL. Supremo Tribunal Federal. Mandado de Injunção nº 232-1/RJ. Relator: ministro Moreira Alves. Julgado em 2 ago. 1991).

[150] As principais críticas desferidas pela doutrina ao STF consideram que a Corte foi extremamente conservadora ao atribuir uma natureza meramente mandamental ao instituto do mandado de injunção, que tinha tudo para conferir plena aplicação aos preceitos constitucionais carentes de regulamentação infraconstitucional. Nesse sentido, alega-se

necessidade e deveria ser suprimido do texto constitucional.[151] Em seu entender,

> o mandado de injunção, na atual quadra, tornou-se uma complexidade desnecessária. Mais simples, célere e prática se afigura a atribuição, ao juiz natural do caso, da competência para a integração da ordem jurídica, quando necessária para a efetivação de um direito subjetivo constitucional submetido a sua apreciação.[152]

No intento de ver concretizadas suas reflexões no plano prático, o professor Luís Roberto Barroso chegou a apresentar a seguinte proposta de emenda constitucional:

> Dar nova redação ao §1º, do art. 5º, da Constituição, e extinguir o mandado de injunção.
> Art. 1º. O §1º, do art. 5º, da Constituição Federal, passa a vigorar com a seguinte redação:
> §1º. As normas definidoras de direitos subjetivos constitucionais têm aplicação direta e imediata. Na falta de norma regulamentadora necessária ao seu pleno exercício, formulará o juiz competente a regra que regerá o caso concreto submetido a sua apreciação, com base na analogia, nos costumes e nos princípios gerais do direito.

---

que o STF estaria "castrando" e "esvaziando as potencialidades do novo remédio" (cf. BARROSO, Luís Roberto. *O controle de constitucionalidade no direito brasileiro*, 2004, op. cit., p. 105; SARMENTO, Daniel. "Apontamentos sobre a arguição de descumprimento de preceito fundamental", 2001, op. cit., p. 101).

[151] A premissa estabelecida por Barroso como base para seu raciocínio consiste em que "a efetividade das normas constitucionais definidoras de direitos subjetivos pode e deve prescindir do mandado de injunção como instrumento de sua realização" (BARROSO, Luís Roberto. *O controle de constitucionalidade no direito brasileiro*, 2004, op. cit., p. 111).

[152] Ibid., p. 112.

Art. 2º. Fica revogado o inciso LXXI, do art. 5º, da Constituição Federal, bem como suprimida a referência a mandado de injunção nos seguintes dispositivos: art. 102, I, "q", e II, "a"; art. 105, I, "h"; art. 121, §4º, V.[153]

No entanto, com a nova orientação jurisprudencial do STF sobre o mandado de injunção, determinando a incidência no caso concreto da norma que entenda aplicável até que sobrevenha a norma regulamentadora, e não mais apenas a simples advertência ao Poder Legislativo de sua mora, tais críticas tendem a desaparecer, com a confirmação da atual tendência da Corte, que caminha rumo a uma nova compreensão do referido instituto, admitindo "soluções 'normativas' para a decisão judicial como alternativa legítima de tornar a proteção judicial efetiva"[154] e assim dotar de plena efetividade as normas constitucionais. Neste sentido, confira-se o novo posicionamento do professor Luís Roberto Barroso a respeito do instituto:

> Em edições anteriores, defendi a desnecessidade do mandado de injunção, uma vez que a decisão produzida limitava-se à notificação do Poder omisso. [...] É possível cogitar de uma utilidade prática na preservação do mandado de injunção, diante de sua reabilitação pela nova linha jurisprudencial firmada pelo STF [...].[155]

Essa revalorização do mandado de injunção parece residir, para a doutrina, em especial no fato de ser possível, a partir da nova posição do STF, a prolação de decisões dotadas de generalidade, com eficácia *erga omnes*:

---

[153] Ibid., p. 111.
[154] Cf. ementa do julgado já mencionado MI nº 670/ES.
[155] BARROSO, Luis Roberto. *O direito constitucional e a efetividade de suas normas*, 2009, op. cit., p. 274, nota 308.

Trata-se de um avanço capaz de retirar do limbo o mandado de injunção, sobretudo pelo fato de o STF ter admitido a possibilidade de dar à decisão eficácia *erga omnes*, a despeito da inexistência de previsão legal ou constitucional nesse sentido. [...] A atribuição de eficácia geral à disciplina temporária assim instituída confere racionalidade ao sistema e tutela a isonomia, evitando que situações semelhantes recebam tratamentos distintos, por motivos diversos. [...] O provimento do mandado de injunção serve justamente para evitar a eternização dessa situação de desrespeito à força normativa da Constituição.[156]

Não obstante, há que se ter cuidado com uma possível banalização das decisões de mandado de injunção. Neste sentido, é sintomático o recente julgado sobre a regulamentação de aviso prévio, em que os autores reclamavam através de mandado de injunção o direito, assegurado pelo art. 7º, XXI, ao aviso prévio proporcional.[157]

Ao decidir o caso, a maioria dos ministros entendeu pelo cabimento da ação e pela necessidade de formular regra para definir o valor a ser pago. O julgamento foi suspenso unicamente pois os ministros discordavam a respeito do critério, mas a decisão demonstra a tendência da Corte a decisões de efeitos cada vez mais concretos, postura que deve ser vista com cautela.

Questões de automonitoramento

1. Após ler este capítulo, você é capaz de resumir os casos geradores do capítulo 6, identificando as partes envolvidas, os problemas atinentes e as soluções cabíveis?

---

[156] Ibid., p. 274-275.
[157] BRASIL. Supremo Tribunal Federal. Mandados de injunção nºs 943, 1010, 1074 e 1090. Relator: ministro Gilmar Mendes. Pendentes de decisão definitiva.

2. Quais são as espécies de ADPF admitidas no ordenamento brasileiro, como funcionam suas respectivas instrumentações e quais são seus efeitos?
3. Diferencie os institutos da ação direta de inconstitucionalidade por omissão e do mandado de injunção, apontando os possíveis efeitos das decisões proferidas nos respectivos processos.
4. Compare a evolução da orientação jurisprudencial do STF em relação ao mandado de injunção com o ativismo judicial predominante na Corte, confrontando com a polêmica a respeito da legitimidade democrática de suas decisões.
5. Pense e descreva, mentalmente, outras alternativas para a solução dos casos geradores do capítulo 6.

4

Jurisdição constitucional (III). Controle concreto de constitucionalidade. Regime geral. Súmula vinculante e repercussão geral

Roteiro de estudo

Controle concreto de constitucionalidade: regime geral

Na esteira do modelo estadunidense, o ordenamento jurídico brasileiro adota, desde a Constituição Federal de 1891, o sistema difuso de controle de constitucionalidade. Também denominado controle incidental (ou por via de exceção), o controle difuso pode ser manejado por qualquer órgão judicante da estrutura do Poder Judiciário, desde os juízos monocráticos de primeiro grau de jurisdição até o Supremo Tribunal Federal, e será exercido sempre em caráter prejudicial (*incidenter tantum*) nos casos concretos submetidos ao crivo dos magistrados.

Sem embargo da legitimidade de ambos para o reconhecimento de inconstitucionalidade, são diferentes os procedimentos e os efeitos relativos às decisões pelas quais os juízos monocráticos e os tribunais se manifestam nos processos de controle concreto. Os juízes, por seu lado, atuam sem a necessidade de observância de quaisquer procedimentos específicos, ficando limitados à possibilidade de negar aplicação às normas jurídicas por eles consideradas inconstitucionais, de maneira que os efeitos de suas decisões vinculam somente as partes do processo.

Já os tribunais possuem a obrigatoriedade de atender ao princípio da reserva de plenário, trazida pelo art. 97 da Constituição, que dispõe: "Somente pelo voto da maioria absoluta de seus membros ou dos membros do respectivo órgão especial poderão os tribunais declarar a inconstitucionalidade de lei ou ato normativo do Poder Público".

Trata-se de dispositivo que, de acordo com Luís Roberto Barroso, "espelha o princípio da presunção de constitucionalidade das leis, que para ser infirmado exige um quórum qualificado do tribunal".[158]

Pode, aqui, tratar-se da maioria dos membros do tribunal ou de seu órgão especial, uma vez que estes exercem a competência do órgão pleno.

A reserva de plenário não se aplica para hipóteses de reconhecimento de constitucionalidade. Não obstante, deve-se observar o disposto na Súmula Vinculante nº 10:

> Viola a cláusula de reserva de plenário (CF, artigo 97) a decisão de órgão fracionário de tribunal que, embora não declare expressamente a inconstitucionalidade de lei ou ato normativo do poder público, afasta sua incidência, no todo ou em parte.

Por fim, cabe lembrar que, uma vez que a disposição constitucional trata de tribunais, a obrigação de respeito à reserva de plenário não é aplicável a turmas recursais de juizados especiais, compostas por juízes singulares, tendo o STF pronunciamento expresso nesse sentido.[159]

---

[158] BARROSO, Luís Roberto. *O controle de constitucionalidade no direito brasileiro*. São Paulo: Saraiva, 2004. p. 78.

[159] Como se vê no RE nº 453.744-AgR, em que se afirma que "a regra da chamada reserva do plenário para declaração de inconstitucionalidade (art. 97 da CF) não se aplica,

As decisões proferidas pelas turmas recursais, que afastam lei considerada inconstitucional, dão ensejo à interposição de recurso extraordinário, conforme o enunciado da Súmula nº 640 do STF, que dispõe: "É cabível recurso extraordinário contra decisão proferida por juiz de primeiro grau nas causas de alçada, ou por turma recursal de juizado especial cível e criminal".

Assim, para declarar uma lei inconstitucional, devem os tribunais se submeter a um procedimento específico (arts. 480 a 482 do CPC): os órgãos fracionários, caso entendam pela inconstitucionalidade de lei arguida, devem promover a cisão do julgamento, para que a questão seja avaliada pelo plenário ou pelo órgão especial[160] que, por sua vez, deverá pronunciar-se apenas sobre a questão constitucional, proferindo decisão de caráter irrecorrível.

Ressalve-se a exceção, prevista no parágrafo único do art. 481 do CPC, de declaração de inconstitucionalidade diretamente pelo órgão fracionário, quando já tenha havido pronunciamento anterior do Supremo Tribunal Federal ou apreciação anterior da mesma lei ou ato pelo tribunal.

Ainda nos casos envolvendo pedido de declaração incidental de inconstitucionalidade por tribunal, os três novos parágrafos do art. 482 do CPC (acrescentados pela Lei nº 9.868/1999) preveem a possibilidade de manifestação, nos autos, dos órgãos responsáveis pela elaboração da norma atacada, dos legitimados

---

deveras, às turmas recursais de Juizado Especial" (BRASIL. Supremo Tribunal Federal. RE nº 453.744-AgR. Primeira Turma. Relator: ministro Cezar Peluso. Julgamento em 13 jun. 2006. *DJ*, 25 ago. 2006.

[160] Nas palavras de Barroso: "No controle incidental realizado perante tribunal, opera-se a cisão funcional da competência, pela qual o pleno (ou órgão especial) decide a questão constitucional e o órgão fracionário julga o caso concreto, fundado na premissa estabelecida no julgamento da questão prejudicial. Da decisão do pleno ou do órgão especial não caberá recurso" (cf. BARROSO, Luís Roberto. *O controle de constitucionalidade no direito brasileiro*, 2004, op. cit., p. 80).

para a propositura de Adin e, no caso de decisão favorável do relator, de órgãos ou entidades na posição de *amicus curiae*.

Outro ponto diz respeito à possibilidade de arguição de inconstitucionalidade incidental em ação civil pública, uma vez que esta ação possui efeitos *erga omnes*, de acordo com o art. 16 da Lei nº 7.347/1985, o que tornaria os efeitos de eventual declaração de inconstitucionalidade semelhantes aos de uma Adin. A questão divide a doutrina. Já na jurisprudência, verifica-se uma alteração na posição adotada pelos tribunais superiores,[161] que hoje entendem pela possibilidade de tal arguição, desde que se trate de questão incidental para a demanda, ficando apenas a questão principal da lide sujeita a efeitos *erga omnes*.[162]

Por fim, ainda quanto aos efeitos da decisão proferida em sede de controle concreto, muito embora em teoria este seja apenas *inter partes*, há de se tratar da atual tendência de abstrativização do controle concreto, tendo alguns ministros do STF se manifestado pela possibilidade de extensão de efeitos *erga omnes* à decisão em sede de controle concreto, independentemente de manifestação do Senado. Ao tratar do tema, em reclamação constitucional com julgamento ainda não concluído, os ministros Gilmar Mendes e Eros Grau entenderam pela desnecessidade de manifestação do Senado, uma vez que a Emenda Constitucional

---

[161] Expressando a posição antiga dos tribunais, veja-se: BRASIL. Superior Tribunal de Justiça, EDcl no REsp nº 106.993/MS. Segunda Turma. Relator: ministro Ari Pargendler. Julgamento em 28 abr. 1998. *DJ*, 18 maio 1998. p. 68; BRASIL. Supremo Tribunal Federal. AI nº 189.601 AgR. Primeira Turma. Relator: ministro Moreira Alves. Julgamento em 26 ago. 1997. *DJ*, 3 out. 1997, p. 49231.

[162] Neste sentido, BRASIL. Supremo Tribunal Federal. RE nº 227.159. Segunda Turma. Relator: ministro Néri da Silveira. Julgado em 12 mar. 2002. *DJ*, 17 maio 2002; BRASIL. Supremo Tribunal Federal. RE nº 411.156. Relator: ministro Celso Mello. Inf. 571, 2010; BRASIL. Supremo Tribunal Federal. AI nº 557.291 AgR. Segunda Turma. Relator: ministro Ayres Britto. Julgamento em 28 set. 2010; BRASIL. Supremo Tribunal Federal. RE nº 511.961. Relator: ministro Gilmar Mendes. Tribunal Pleno. Julgamento em 17 jun. 2009.

nº 45/2004 dotou o STF de poder que dispensa esta intervenção, através da súmula vinculante. A declaração do Senado seria, assim, meramente para dar publicidade à decisão.[163]

Ainda quanto aos efeitos, cabe indagar a possibilidade de modulação temporal de decisão de inconstitucionalidade proferida em caso concreto e, em caso de resposta afirmativa, quais os órgãos que teriam competência para realizá-la.

Em sua jurisprudência, o TJRJ tem entendido que apenas o STF é competente para modular os efeitos de suas decisões.[164] O Supremo Tribunal Federal, por sua vez, reconheceu esta possibilidade em caso excepcional,[165] para que se garanta a segurança jurídica, entendendo que o mesmo não se aplica à não recepção de normas constitucionais.[166]

Recurso extraordinário

Não obstante o STF ter também competência originária (art. 102, I, da CRFB) para o exercício do controle incidental, sua maior demanda na fiscalização concreta de constitucionalidade se concentra nos casos relativos à sua competência recursal (art. 102, II e III, da CRFB), que é bastante ocupada pelos processos relativos a recursos extraordinários. Como é cediço, essa via consiste em instrumento hábil para levar ao conhecimento da mais alta Corte do país decisões judiciais que envolvem questões

---

[163] BRASIL. *Informativo STF*, n. 463, 16 a 20 abr. 2007.
[164] BRASIL. Tribunal de Justiça do Rio de Janeiro. AC nº 0037711-37.2000.8.19.0001. Apelação. Desembargador: Rogerio de Oliveira Souza. Julgamento em 25 maio 2010. Nona Câmara Cível; BRASIL. Tribunal de Justiça do Rio de Janeiro. AI nº 0020365-27.2010.8.19.0000. Desembargadora: Ines da Trindade. Julgamento em 7 jul. 2010. Décima Terceira Câmara Cível; AC nº 0134886-89.2004.8.19.0001. Relator: desembargador Fernando Fernandy Fernandes. Julgamento em 14 jun. 2011. Décima Terceira Câmara Cível.
[165] BRASIL. Supremo Tribunal Federal. RE nº 197.917. Relator: ministro Maurício Corrêa. Tribunal Pleno. Julgamento em 6 jun. 2002.
[166] BRASIL. Supremo Tribunal Federal. RE nº 353.508 AgR. Segunda Turma. Relator: ministro Celso de Mello. Julgado em 15 maio 2007.

constitucionais, ou seja, casos em que os tribunais inferiores, em única ou última instância, tenham prolatado arestos contrários à Constituição, proferido declaração de inconstitucionalidade de tratado ou lei federal, bem como julgado válidas quaisquer leis ou atos normativos de governo local contestados em face da Constituição Federal (art. 102, III).

Esse era o tratamento constitucional conferido ao instituto antes da promulgação da EC nº 45/2004, que representa mais uma tentativa de descongestionamento do sistema recursal brasileiro e objetiva desafogar o acúmulo excessivo de processos nos tribunais superiores, mais especificamente no STF.[167] Nesse sentido, o constituinte derivado promoveu duas mudanças significativas na sistemática do recurso extraordinário:

❏ Com a inserção de uma alínea "d" no inciso III do art. 102 da Constituição Federal, realiza-se um deslocamento de

---

[167] Sobre as alterações promovidas pela EC nº 45/2004 no processamento do recurso extraordinário, confira-se: BARIONI, Rodrigo. O recurso extraordinário e as questões constitucionais de repercussão geral. In: WAMBIER, Teresa Arruda Alvim et al. *Reforma do Judiciário*: primeiras reflexões sobre a Emenda Constitucional nº 45/2004. São Paulo: Revista dos Tribunais, 2005. p. 721-734; CAMBI, Eduardo. Critério da transcendência para a admissibilidade do recurso extraordinário (art. 102, §3º, da CF): entre a autocontenção e o ativismo do STF no contexto da legitimação democrática da jurisdição constitucional. In: WAMBIER, Teresa Arruda Alvim et al. *Reforma do Judiciário*, 2005, op. cit., p. 153-166; CARREIRA ALVIM, José Eduardo. Alguns aspectos dos recursos extraordinário e especial na reforma do Poder Judiciário (EC nº 45/2004). In: WAMBIER, Teresa Arruda Alvim et al. *Reforma do Judiciário*, 2005, op. cit., p. 323-326; CÔRTES, Osmar Mendes Paixão. As inovações da EC nº 45/2004 quanto ao cabimento do recurso extraordinário. In: WAMBIER, Teresa Arruda Alvim et al. *Reforma do Judiciário*, 2005, op. cit., p. 531-550; KOZIKOSKI, Sandro Marcelo. A repercussão geral das questões constitucionais e o juízo de admissibilidade do recurso extraordinário. In: WAMBIER, Teresa Arruda Alvim et al. *Reforma do Judiciário*, 2005, op. cit., p. 743-760; SARTÓRIO, Elvio Pereira; JORGE, Flávio Cheim. O recurso extraordinário e a demonstração de repercussão geral. In: WAMBIER, Teresa Arruda Alvim et al. *Reforma do Judiciário*, 2005, op. cit., p. 181-191; TIBÚRCIO, Flávio Corrêa. A reforma do Judiciário e o novo recurso extraordinário. *Jus Navigandi*, Teresina, ano 9, n. 541, 30 dez. 2004. Disponível em: <http://jus.com.br/revista/texto/6137/a-reforma-do-judiciario-e-o-novo-recurso-extraordinario>. Acesso em: 1 nov. 2012; VASCONCELOS, Rita. A nova competência do STF para o recurso extraordinário (CF, art. 102, III, "d"). In: WAMBIER, Teresa Arruda Alvim et al. *Reforma do Judiciário*, 2005, op. cit., p. 649-654.

competência do STJ para o STF no que tange à apreciação de decisão recorrida de que "julgar válida lei local contestada em face de lei federal",[168] compreendida "toda norma estadual e municipal, emanada do poder competente, coativa e de observância geral, como as leis, os decretos, os regulamentos etc.".[169]

❏ Com a implementação de um §3º no art. 102 da Constituição Federal, estabelece-se um requisito de demonstração de repercussão geral das questões constitucionais para a admissão do recurso extraordinário.

Examinando a nova alínea "d" do inciso III do art. 102, a doutrina justifica sua adoção com base numa formulação do ex-ministro Moreira Alves, que, por meio da alcunha de *contencioso constitucional*, indica serem de natureza constitucional (e não legal) os conflitos de validade travados entre leis estaduais ou municipais e leis federais. Por tal motivo, a presente mudança de competência do STJ para o STF se justificaria com base no fato de que essas tensões, na verdade, representariam casos de possíveis invasões da competência legislativa da União por parte dos estados e municípios.[170]

Passando para a abordagem do novo requisito da *repercussão geral*, constata-se haver questões de maior complexidade

---

[168] Destarte, verifica-se que fica mantida a competência do STJ para o julgamento de *ato de governo local* que contrarie lei federal (art. 105, III, CRFB). Nesse sentido, a doutrina identifica como "ato de governo local" todos aqueles "praticados por agentes públicos estaduais e municipais, dotados de certa parcela de poder, como os governadores, os prefeitos, os secretários de governo etc." (cf. TIBÚRCIO, Flávio Corrêa. "A reforma do judiciário e o novo recurso extraordinário", 2004, op. cit. apud CARREIRA ALVIM, José Eduardo. "Alguns aspectos dos recursos extraordinário e especial na reforma do Poder Judiciário (EC nº 45/2004)", 2005, op. cit., p. 324.

[169] Cf. CARREIRA ALVIM, José Eduardo. "Alguns aspectos dos recursos extraordinário e especial na reforma do Poder Judiciário (EC nº 45/2004)", 2005, op. cit., p. 324.

[170] Ibid., p. 324. No entendimento do autor, a lógica dessa reforma na competência para julgamento do recurso extraordinário demandaria que também os "atos de governo local" contrários à lei federal (art. 105, III, CRFB) fossem migrados para o âmbito do STF. Não obstante, a opção política do legislador constituinte foi diversa (ibid., p. 324-326).

que, inclusive, já fazem parte de análise mais minuciosa por parte da doutrina. Como é de se inferir num primeiro exame, a migração de processos do STJ para o STF representaria um anacronismo do novo sistema recursal. Sem embargo, com a adoção do requisito da repercussão geral, objetiva-se filtrar os processos encaminhados aos tribunais superiores e, consequentemente, promover um desafogamento do excesso de demandas que há tanto entrava o funcionamento do controle difuso e concreto de constitucionalidade por parte do STF.[171]

Nesse sentido, verifica-se um possível resgate da chamada *arguição de relevância*[172] que, inserida no ordenamento constitucional pela EC nº 1/1969, tinha o mesmo escopo do instrumento ora implementado e consistia em uma espécie de peneira para os processos encaminhados ao STF. Como se vê, não é de hoje que se tenta dirimir a tensão existente entre a necessidade de racionalização da atuação judicante e a diminuição do acesso dos jurisdicionados à cúpula do Poder Judiciário.

Além do fato de a expressão *repercussão geral das questões constitucionais discutidas* consistir em conceito jurídico indeterminado, o texto constitucional prevê que sua delimitação ocorrerá nos termos da lei. Nesse sentido, dispõe o Código de Processo Civil, em seu art. 543-A, §1º, que "para efeito da repercussão geral, será considerada a existência, ou não, de questões relevantes do ponto de vista econômico, político, social ou jurídico, que ultrapassem os interesses subjetivos da causa".

---

[171] Cf. SARTÓRIO, Elvio Pereira; JORGE, Flávio Cheim. "O recurso extraordinário e a demonstração de repercussão geral", 2005, op. cit., p. 181. Segundo os autores, o STF atravessa uma profunda crise em seu funcionamento, vez que "é incapaz de absorver a quantidade de processos e recursos que ali são distribuídos".

[172] Cf. LAMY, Eduardo de Avelar. Repercussão geral no recurso extraordinário: a volta da arguição de relevância? In: WAMBIER, Teresa Arruda Alvim et al. *Reforma do Judiciário*, 2005, op. cit., p. 167-180.

Ainda assim, trata-se de conceito bastante aberto, de forma que cabe à doutrina e, principalmente, ao STF interpretar e aplicar a norma sempre com vistas à manutenção da garantia do acesso à justiça (art. 5º, XXXV, da CRFB).[173]

Quanto à competência para a verificação do preenchimento do requisito em tela por parte dos recursos interpostos perante o STF, as novas disposições constitucionais determinam que a própria Corte o fará observando a regra – proveniente do direito alemão – da exigência de votos de dois terços de seus membros para a recusa da admissão do recurso extraordinário.[174]

Outra questão interessante diz respeito à obrigatoriedade de fundamentação nas decisões do STF que verificarem a inexistência de repercussão geral, ou seja, tendo em vista a omissão do §3º do art. 102 da CRFB a esse respeito, há de se analisar a necessidade de aplicação do art. 93, IX, da CRFB às decisões de admissibilidade de recurso extraordinário que negarem seu conhecimento por falta de repercussão geral.[175] Mais uma vez, exsurge um paradoxo a ser dirimido pela interpretação constitucional, pois "se por um lado existe a clara influência de esse requisito servir ao STF como freio ao acesso de recursos, é também certo que não se pode aceitar o total arbítrio das suas decisões".[176] Nessa senda, a doutrina propõe a adoção de uma

---

[173] Cf. CARREIRA ALVIM, José Eduardo. "Alguns aspectos dos recursos extraordinário e especial na reforma do Poder Judiciário (EC nº 45/2004)", 2005, op. cit., p. 325. Nesse sentido, argumenta-se que "é provável que a regulamentação da repercussão geral não lhe indique contornos precisos, seguindo a tendência de um tipo aberto, propiciando uma margem de interpretação ampla para o STF e um aspecto muito mais político do que jurídico" (cf. SARTÓRIO, Elvio Pereira; JORGE, Flávio Cheim. "O recurso extraordinário e a demonstração de repercussão geral", 2005, op. cit., p. 188).
[174] Sem embargo, Flávio Cheim Jorge e Elvio Ferreira Sartório entendem que, "mesmo julgada positivamente a repercussão geral, é imprescindível a posterior análise dos demais requisitos de admissibilidade" (ibid., p. 186).
[175] Como se sabe, tal obrigatoriedade não existia em relação à antiga "arguição de relevância" (ibid., p. 186).
[176] Ibid., p. 187.

postura intermediária, que envolveria a utilização de fundamentações breves e sucintas; afinal, "exigir do STF uma densa fundamentação dos porquês da ausência de repercussão geral é afogá-lo, é uma nova atribuição".[177]

Cabe ainda ressaltar aparente contrariedade entre o reconhecimento de repercussão geral e o princípio do *non liquet*, que estabelece a obrigatoriedade dos juízes de decidirem. Isso porque, uma vez reconhecida a repercussão geral, a questão em julgamento não é decidida, mas fica suspensa até que seja submetida ao plenário do STF.[178]

Súmulas vinculantes

A doutrina do *stare decisis* ou do efeito vinculante das decisões judiciais possui origens no direito comparado (Estados Unidos, Alemanha, França e Canadá) e, com sua proliferação, denota a forte tendência do direito hodierno que consiste na imbricação entre os sistemas da *common law* e da *civil law*.[179] Nesse sentido, enquanto nos países de *common law* têm sido desenvolvidas, pela via legislativa, normas jurídicas até então inexistentes, nos países de *civil law* (principalmente no caso do Brasil), verifica-se a adoção de instrumentos jurídicos próprios do *common law*, tanto pela esfera legislativa (como é o caso das *class actions* e das *astreintes*) como pelas cortes constitucionais, que têm encampado cada vez mais o sistema de julgamentos por

---
[177] Ibid., p. 187.
[178] Nesse sentido: BRASIL. Supremo Tribunal Federal. AC nº 2.639 REF-MC. Segunda Turma. Relator: ministro Celso de Mello. Julgamento em 10 ago. 2010. *DJe*, 17 set. 2010; BRASIL. Supremo Tribunal Federal. AC nº 2.168-REF-MC. Segunda Turma. Relator: ministro Celso de Mello. Julgamento em 4 nov. 2008. *Informativo STF*, n. 527.
[179] Sobre o assunto, confira-se: BUSATO, Paulo César. A reaproximação dos sistemas jurídicos ocidentais: sintoma de evolução da política jurídica. *Mundo Jurídico*, 12 jul. 2005. Disponível em: <www.mundojuridico.adv.br/sis_artigos/artigos.asp?codigo=56>. Acesso em: 1 nov. 2012.

meio de precedentes judiciais. Nessa senda, conforme assevera Celso de Albuquerque Silva, é preciso definir o papel do Judiciário perante os métodos e limites tradicionais da atuação dos tribunais, bem como saber se um Judiciário mais ativo (produtor de normas jurídicas e complementador do direito legislativo) é desejado.[180]

Ao contrário do que comumente se supõe, a doutrina dos efeitos vinculantes possui origens no Brasil bem antes de sua incorporação nas súmulas do STF com a EC nº 45/2004. Em 1990, com a edição da Lei nº 8.038/1990 (art. 38), ficou assentado o embrião da súmula vinculante na possibilidade de o relator, no STJ e no STF, decidir monocraticamente com base em súmulas dos respectivos tribunais.[181] Em seguida, com a promulgação da EC nº 3/1993, estabeleceu-se, no art. 102, §2º, da Constituição Federal, o efeito vinculante nas decisões proferidas em ADC. Com a edição da Lei nº 9.756/1998, alterou-se o art. 557 do CPC e conferiram-se poderes aos relatores para, em processos cíveis, julgarem recursos monocraticamente com base em súmulas e entendimentos consolidados de tribunais superiores. Com o advento da Lei nº 9.868/1999 (art. 28, parágrafo único), foram conferidos à Adin os mesmos efeitos das decisões prolatadas em ADC.[182]

---

[180] Cf. SILVA, Celso de Albuquerque. *Do efeito vinculante*: sua legitimação e aplicação. Rio de Janeiro: Lumen Juris, 2005. p. 155 e segs.
[181] Cf. NOGUEIRA, Gustavo Santana. Das súmulas vinculantes: uma primeira análise. In: WAMBIER, Teresa Arruda Alvim et al. *Reforma do Judiciário*, 2005, op. cit., p. 269-270.
[182] Ainda há os casos das leis nºs 9.469/1997 (art. 4º) e 8.213/1991 (art. 131), que instruem a atuação de servidores da administração pública, respectivamente do INSS e da AGU, em relação a causas repetidas. Antes mesmo do advento desses diplomas, segundo a doutrina, o Poder Judiciário já exercia um poder normativo na seara da Justiça do Trabalho há longa data (cf. WAMBIER, Teresa Arruda Alvim; WAMBIER, Luiz Rodrigues; MEDINA, José Miguel Garcia. Repercussão geral e súmula vinculante: relevantes novidades trazidas pela EC nº 45/2004. In: WAMBIER, Teresa Arruda Alvim et al. *Reforma do Judiciário*, 2005, op. cit., p. 379). Ademais, há de se ter em conta que, mesmo antes da EC nº 45/2004, o direito brasileiro já admitia a existência de súmulas,

Na definição de Gustavo Santana Nogueira,

> súmula de efeito vinculante significa dizer que na prática os órgãos do Poder Judiciário e a Administração Pública (direta e indireta; federal, estadual e municipal) são obrigados a respeitar o teor das súmulas do STF, quando do exercício das suas funções.[183]

Assim, foi positivada a adoção do instituto pela EC nº 45/2004, por meio da criação do art. 103-A e seus três parágrafos. [184, 185]

---

porém sem efeitos vinculantes sobre os órgãos do Poder Judiciário e do Executivo. Assim, jamais súmula foi sinônimo de vinculação obrigatória.

[183] Cf. NOGUEIRA, Gustavo Santana. "Das súmulas vinculantes: uma primeira análise", 2005, op. cit., p. 275.

[184] Já há vasta bibliografia na doutrina pátria sobre a adoção das súmulas vinculantes pela EC nº 45/2004. Cf. FERREIRA, William Santos. Súmula vinculante – solução concentrada: vantagens, riscos e a necessidade de um contraditório de natureza coletiva (*amicus curiae*). In: WAMBIER, Teresa Arruda Alvim et al. *Reforma do Judiciário*, 2005, op. cit., p. 799-824; FRANCIULLI NETO, Domingos. Reforma do Poder Judiciário: controle externo e súmula vinculante. In: WAMBIER, Teresa Arruda Alvim et al. *Reforma do Judiciário*, 2005, op. cit., p. 141-151; MANCUSO, Rodolfo de Camargo. Súmula vinculante e a EC nº 45/2004. In: WAMBIER, Teresa Arruda Alvim et al. *Reforma do Judiciário*, 2005, op. cit., p. 685-720; NOGUEIRA, Gustavo Santana. "Das súmulas vinculantes", 2005, op. cit., p. 269-282; OLIVEIRA, Pedro Miranda de. A (in)efetividade da súmula vinculante: a necessidade de medidas paralelas. In: WAMBIER, Teresa Arruda Alvim et al. *Reforma do Judiciário*, 2005, op. cit., p. 591-606; SCAFF, Fernando Facury; MAUÉS, Antonio G. Moreira. A trajetória brasileira em busca do efeito vinculante no controle de constitucionalidade. In: WAMBIER, Teresa Arruda Alvim et al. *Reforma do Judiciário*, 2005, op. cit., p. 225-242; SHIMURA, Sérgio Seiji. Súmula vinculante. In: WAMBIER, Teresa Arruda Alvim et al. *Reforma do Judiciário*, 2005, op. cit., p. 761-766; WAMBIER, Teresa Arruda Alvim; WAMBIER, Luiz Rodrigues; MEDINA, José Miguel Garcia. "Repercussão geral e súmula vinculante", 2005, op. cit., p. 373-390.

[185] Segundo Gustavo Nogueira, a EC nº 45/2004 não veda a admissibilidade de súmulas não vinculantes, pois terão as mesmas finalidades e os mesmos limites das súmulas editadas antes das vinculantes, ou seja, cumprirão um papel de diretriz, orientação, guia. Esse seria o caso das súmulas – contra as quais não cabe reclamação – que não forem confirmadas (no caso das antigas) ou das que (no caso de novas propostas) não obtenham oito votos (mas apenas seis ou sete). Ademais, o RISTF não foi revogado e existem súmulas do STF que não tratam de matéria constitucional (*e.g.*, as relativas a preparo, tempestividade etc.). Cf. NOGUEIRA, Gustavo Santana. "Das súmulas vinculantes", 2005, op. cit., p. 272.

De acordo com a norma constitucional (art. 103-A), há sete requisitos (cumulativos) a serem preenchidos para a edição de súmulas vinculantes por parte do STF: legitimidade,[186] quórum,[187] matéria constitucional,[188] decisões reiteradas,[189] controvérsia atual,[190] situação de insegurança jurídica[191] e repetição significativa de processos semelhantes.[192]

De acordo com a disposição constitucional (art. 103-A da CRFB), ficam submetidos à súmula vinculante todos os órgãos do Poder Judiciário – inclusive o STF, que, para deixar de aplicá-la, deverá cancelá-la na forma de lei ordinária a ser

---

[186] (a) a aprovação de súmulas vinculantes cabe exclusivamente ao STF; (b) quanto à propositura de requerimentos de elaboração de súmulas vinculantes, estão legitimados o próprio STF (*ex officio*), os legitimados para ajuizamento de Adin/ADC (art. 103 CRFB) e as pessoas e entidades a serem definidas por lei (cf. art. 103-A, §2º CRFB). O requerimento para aprovação de súmulas vinculantes poderá ser formulado pelo STF, por qualquer um dos seus ministros, durante o curso de julgamento ou mesmo pela via administrativa, por meio da apresentação de petição a ser examinada pelo plenário. Ademais, ressalta-se a possibilidade de adoção do *amicus curiae* no procedimento administrativo da edição de súmulas vinculantes (cf. NOGUEIRA, Gustavo Santana. "Das súmulas vinculantes", 2005, op. cit., p. 271).

[187] Exige-se o voto de 2/3 dos membros do STF (oito ministros). Portanto, trata-se de um quórum maior que o necessário para deliberação em Adin.

[188] Segundo entendimento da doutrina, não se devem sumular conceitos abertos e/ou indeterminados, sob pena de tolher completamente a capacidade criativa da jurisprudência (WAMBIER, Teresa Arruda Alvim; WAMBIER, Luiz Rodrigues; MEDINA, José Miguel Garcia. "Repercussão geral e súmula vinculante", 2005, op. cit., p. 384).

[189] A necessidade de sumulação se caracterizará somente quando se tratar de entendimentos já consolidados pelo STF, de maneira que "será ilegítima a súmula que for aprovada após uma única ou poucas decisões sobre a matéria constitucional" (NOGUEIRA, Gustavo Santana. "Das súmulas vinculantes", 2005, op. cit., p. 272). Como o art. 103-A não estipula a quantidade de julgados que caracterizaria a consolidação de um entendimento do STF, argumenta-se que tal atividade deve ser realizada pela própria Corte com base no princípio da razoabilidade (ibid., p. 273).

[190] Não cabe edição de súmula vinculante para disciplinar matérias já pacificadas. Ademais, a controvérsia deve ser atual e caracterizada entre órgãos do Poder Judiciário ou entre estes e os órgãos da administração pública.

[191] Com fundamento nos princípios da igualdade e da legalidade, exige-se a comprovação da criação de situação de grave insegurança jurídica, a fim de evitar decisões discrepantes em casos análogos, que, em razão das suas repercussões, podem gerar instabilidade para a ordem jurídica. Tais hipóteses geralmente ocorrem em questões relativas às matérias previdenciária e tributária.

[192] Cf. NOGUEIRA, Gustavo Santana. "Das súmulas vinculantes", 2005, op. cit., p. 271.

elaborada[193] – e a administração pública[194] direta e indireta (nas três esferas federativas), no exercício das suas funções típicas.

Questão interessante consiste na possibilidade de as súmulas vinculantes do STF sobre recurso extraordinário vincularem as do STJ em matéria de recurso especial. Considerando que ambas tratam do requisito do pré-questionamento, poderia a Súmula nº 356 do STF vincular a Súmula nº 211 do STJ?

No entendimento da doutrina e do próprio STJ,[195] já se admite tal hipótese. Em relação à viabilidade de o STJ editar súmulas vinculantes, não obstante já exista um projeto de emenda à Constituição que visa a instituí-la via art. 105-A, determinado setor da doutrina entende que as súmulas dos STJ poderiam ter efeito vinculante no que não fossem incompatíveis com as súmulas vinculantes do STF.[196]

Com o desiderato de instituir um instrumento de garantia do respeito às súmulas vinculantes editadas pelo STF,[197] o constituinte derivado inseriu um §3º no art. 103-A e dispôs sobre a utilização da reclamação, que poderá ser manejada – mesmo em primeiro grau de jurisdição[198] – pelas partes do processo, pelo Ministério Público ou, ainda, por terceiro interessado. De outra

---

[193] De acordo com Gustavo Nogueira, "a súmula 'perde o objeto', devendo ser cancelada, quando a lei que embasa a sua edição é alterada ou revogada" (ibid., p. 276).

[194] Destarte, muitas questões enormemente repetidas – como causas envolvendo discussões sobre FGTS – nem chegarão mais a ser apreciadas pelo Judiciário para serem dirimidas.

[195] O STJ já reconhece essa hipótese em alguns julgados, como o REsp nº 383.492/MA. Relatora: ministra Eliana Calmon. Julgamento em 17 dez. 2002. Ver também REsp nº 677.928/RS. Sexta Turma. Relator: ministro Hamilton Carvalhido. Julgamento em 18 nov. 2004. DJ, 1 fev. 2005, p. 669.

[196] Cf. NOGUEIRA, Gustavo Santana. "Das súmulas vinculantes", 2005, op. cit., p. 278.

[197] Considerando que a violação às súmulas vinculantes também poderá ocorrer por omissão, verifica-se que ficou em aberto a disposição sobre a resposta do STF. Poderá a Corte ordenar a prática de ato comissivo?

[198] Dessa forma, possibilita-se enorme economia processual, pois não será mais preciso esgotar todas as vias processuais para chegar ao STF.

banda, figurará como reclamado aquele que proferir a decisão ou praticar o ato administrativo[199] contrário à súmula vinculante do STF. Sendo cediço que a reclamação não é recurso, não há prazo para seu oferecimento. O limite temporal máximo deveria ser a coisa julgada, mas com a proliferação da tese da coisa julgada inconstitucional, já não se pode precisá-lo antecipadamente. O procedimento da reclamação prevê o cabimento de concessão de medida cautelar, com fundamento no art. 273 do CPC e no art. 14 da Lei nº 8.038/1990. Em relação aos recursos, somente se admite em sede de reclamação a propositura de agravo interno e embargos de declaração. A decisão sobre a reclamação não terá caráter vinculante e, sobre seus efeitos, a doutrina salienta que "não caberá mais a reforma de decisão, e sim tão somente sua anulação, devolvendo o STF a competência para o juiz de direito decidir conforme a súmula".[200]

Segundo a doutrina favorável à adoção das súmulas vinculantes no Brasil, a maior prova de que elas não engessariam nem petrificariam o direito consiste na previsão constitucional da possibilidade da sua revisão e do seu cancelamento, os quais poderão ser requeridos pelo mesmo rol de legitimados para a propositura de Adin e ADC (art. 103 da CRFB), havendo abertura para uma ampliação dessa legitimação ativa por meio de uma futura lei ordinária.[201] Em dezembro de 2008, foi editada, pelo STF, a Resolução nº 388, que regula o processamento das

---

[199] Eis outra novidade no sistema de controle difuso de constitucionalidade: agora se admite reclamação contra atos administrativos.
[200] NOGUEIRA, Gustavo Santana. "Das súmulas vinculantes", 2005, op. cit., p. 279. Ademais, entende-se que a decisão proferida pelo STF em reclamação será de natureza mista, tendo em vista que se destina a anulação de ato e a determinação para a prática de outro (cf. WAMBIER, Teresa Arruda Alvim; WAMBIER, Luiz Rodrigues; MEDINA, José Miguel Garcia. "Repercussão geral e súmula vinculante", 2005, op. cit., p. 388).
[201] Segundo Gustavo Nogueira, o efeito vinculante tem como consequência a necessidade de "pluralizar o debate sobre a constitucionalidade ou não das leis questionadas no STF" (cf. NOGUEIRA, Gustavo Santana. "Das súmulas vinculantes", 2005, op. cit., p. 270).

propostas de edição, revisão e cancelamento das súmulas no STF. De acordo com a resolução, e a partir dela, os processos relativos às súmulas, vinculantes ou não, serão protocolados e autuados na Corte, tramitando em formato eletrônico. Em seguida, terão edital publicado no *Diário da Justiça* para que os interessados se manifestem no prazo de cinco dias, findo o qual os ministros integrantes da Comissão de Jurisprudência analisarão a adequação formal da proposta. Caberá, então, ao ministro presidente submeter a proposta ao Plenário, oportunidade em que o procurador-geral da República falará sobre o tema proposto.

Considerados a forma de incorporação do modelo de efeito vinculante à sistemática do controle de constitucionalidade na Constituição Federal e o modo de funcionamento adotado pelo constituinte derivado, cumpre apresentar e examinar os argumentos invocados pela doutrina – antes mesmo da EC nº 45/2004 – acerca da (in)viabilidade, da (in)constitucionalidade e da (im)pertinência das súmulas vinculantes no ordenamento brasileiro, principalmente considerando sua repercussão na atuação do STF.[202]

Primeiramente, considerando todos aqueles que buscam incessantemente a agilização do trâmite de processos nas instâncias inferiores do Poder Judiciário e a redução da enorme quantidade de demandas levadas à apreciação dos tribunais superiores, apresenta-se uma série de fundamentos jurídicos e pragmáticos no sentido da validade e da utilidade da adoção das súmulas vinculantes no Brasil,[203] como:

---

[202] Vale ressaltar que essa contraposição de argumentos favoráveis e contrários à adoção das súmulas de efeitos vinculantes pela Constituição Federal fatalmente estará presente em discussões no STF em sede de uma provável Adin, a ser proposta para questionar a constitucionalidade de tal instituto.
[203] A favor da adoção da súmula de efeitos vinculantes no Brasil, confira-se, por todos: MELLO, Marco Aurélio de. Entrevista. *Gazeta Mercantil*, Rio de Janeiro, 17 out. 2001;

- *Princípio da eficiência.* A súmula de efeitos vinculantes é uma necessidade diante da "jurisdição de massa" – caracterizada pelo excesso de processos sobre questões idênticas – e se coaduna com a tendência de unificação e uniformização da jurisprudência no Brasil.
- *Princípio da isonomia.* Com a vinculação dos juízes monocráticos e tribunais inferiores às súmulas do STF, garante-se a igualdade de tratamento no julgamento e nas decisões de causas idênticas por juízos diferentes.[204]
- *Princípio da segurança jurídica.* As súmulas vinculantes asseguram uma estabilidade nas relações sociais por meio da garantia de previsibilidade e de imparcialidade das decisões sobre matérias de grande repercussão socioeconômica.
- *Princípio democrático.* Paradoxalmente, o efeito vinculante reforça o princípio da maioria e preserva a separação de poderes, pois o poder vinculante é um poder autolimitador do poder normativo dos tribunais, que impede o Judiciário de legislar de formas diferentes em casos semelhantes.[205]
- *Regra do "quem pode o mais, pode o menos".* Tendo em vista que a própria Constituição Federal já prevê e admite a atribuição de efeitos vinculantes às decisões do STF em controle abstrato de constitucionalidade (Adin, ADC e ADPF), não haveria motivos para uma decisão proferida em julgamento de recurso extraordinário não poder vincular.
- Não há violação ao princípio da independência dos magistrados, pois juízes monocráticos sempre poderão refutar a

---

WAMBIER, Teresa Arruda Alvim; WAMBIER, Luiz Rodrigues; MEDINA, José Miguel Garcia. "Repercussão geral e súmula vinculante", 2005, op. cit.; NOGUEIRA, Gustavo Santana. "Das súmulas vinculantes", 2005, op. cit.; SILVA, Celso de Albuquerque. *Do efeito vinculante*, 2005, op. cit.

[204] Segundo a doutrina, os processos envolvendo matérias de direito previdenciário e tributário apresentam os maiores índices de repetição de causas idênticas ou semelhantes. Cf. WAMBIER, Teresa Arruda Alvim; WAMBIER, Luiz Rodrigues; MEDINA, José Miguel Garcia. "Repercussão geral e súmula vinculante", 2005, op. cit., p. 385.

[205] Cf. SILVA, Celso de Albuquerque. *Do efeito vinculante*, 2005, op. cit., p. 135 e segs.

aplicação da súmula vinculante quando entenderem que o caso tem uma peculiaridade e não enseja sua aplicação.
❑ A súmula vinculante não engessa o funcionamento do Poder Judiciário. Na verdade, ela mantém o direito vivo, uma vez que não vincula quem a formula (STF) e permite seu cancelamento via revogação (*overruling*).
❑ O STF já admite a vinculação pelos fundamentos de decisões anteriores via adoção da teoria dos motivos determinantes.[206]

Em sentido oposto, posicionando-se contrariamente à adoção das súmulas vinculantes, apresenta-se um rol de fundamentos constitucionais visando comprovar a incompatibilidade desse instituto com a Constituição Federal de 1988:[207]

❑ *Violação ao princípio da separação de poderes*. Com a edição de súmulas vinculantes pelo Judiciário, caracteriza-se uma concessão – inconstitucional – de permissão a tal poder para legislar.
❑ *Violação ao princípio da independência dos juízes*. Com a supressão da criatividade dos juízes monocráticos e dos tribunais inferiores, admite-se uma mecanização da atividade judicante.
❑ *Violação ao princípio da legalidade*. Com a instituição de súmulas vinculantes pela cúpula do Poder Judiciário, considera-se atacado o princípio da legalidade, que dispõe que o juiz só pode decidir com base na lei – formulada como resultado

---

[206] Cf. *Informativo STF*, n. 379.
[207] Contrariamente à adoção da súmula de efeitos vinculantes no Brasil, confira-se, por todos: BARBOSA, Ruy. In: COSTA, Edgard. *Os grandes julgamentos do Supremo Tribunal Federal*. Rio de Janeiro: Civilização Brasileira, 1964. v. I, p. 68-70; SILVA, Evandro Lins e. Crime de hermenêutica e súmula vinculante. *Revista Consultor Jurídico*, 10 jan. 2001; FRAGA, Ricardo Carvalho. Reforma e destruição do Poder Judiciário. *Jornal Síntese*, n. 30, p. 8, ago. 1999; RUIZ, Urbano. Reforma do Judiciário e súmulas vinculantes. *Revista de Justiça da Anamatra*, n. 232, p. 21, fev. 1997.

da vontade geral do povo – e não de acordo com normas elaboradas pelo próprio Judiciário. Ademais, ressalta-se que tal medida provoca um fortalecimento excessivo dos tribunais superiores, cuja composição é política, em detrimento da vontade popular democraticamente produzida.[208]

Questões de automonitoramento

1. Após ler este capítulo, você é capaz de resumir os casos geradores do capítulo 6, identificando as partes envolvidas, os problemas atinentes e as soluções cabíveis?
2. Comente a hipótese de cabimento de ação civil pública e ação popular em sede de controle incidental de constitucionalidade, em especial no que tange à possibilidade de substituição da Adin.
3. Com as mudanças realizadas pela EC nº 45/2005 na sistemática do controle concentrado de constitucionalidade, como ficou disciplinado o procedimento do recurso extraordinário?
4. Explique o funcionamento das súmulas vinculantes no sistema constitucional pátrio, de acordo com a EC nº 45/2005. Apresente e confronte os argumentos contrários e favoráveis à adoção de tal instituto.
5. Pense e descreva, mentalmente, outras alternativas para a solução dos casos geradores do capítulo 6.

---

[208] Na contramão desse argumento, ou até mesmo visando combater o déficit democrático das decisões emanadas da Suprema Corte, e em especial em sede de súmula vinculante, o STF, com a edição da Resolução nº 388/2008 e com respaldo legal do §2º do art. 3º da Lei nº 11.417/2006, tem admitido, desde março de 2009, que as entidades representativas da sociedade civil tenham acesso à edição, à revisão e ao cancelamento das súmulas vinculantes, podendo enviar informações que contribuam para o julgamento das matérias. Segundo informa o site do STF, as propostas de súmulas vinculantes nº 7 e nº 8 foram as primeiras a serem votadas com base nessa nova regulamentação.

5

Separação de poderes e medidas provisórias

Roteiro de estudo

Separação de poderes

Frequentemente, os conceitos de separação de poderes e de freios e contrapesos são usados em conjunto, como se houvessem surgido e permanecido juntos ao longo da história. Inicialmente, então, é preciso diferenciá-los, a começar pelo momento em que surgiram e passando, principalmente, por seu objetivo.

A ideia de separação de poderes aparece em Aristóteles e está relacionada à ideia de um governo misto, em que os diversos atores do processo político tenham funções diferentes. Aristóteles acreditava que o governo de um só poder acabaria se degenerando, pois, segundo o autor, um governo monárquico acabaria por gerar tirania, um governo aristocrático geraria uma oligarquia e a democracia acabaria em demagogia. Assim, propunha um governo que possuísse elementos de cada tipo, ou seja, um governo misto. A noção de governo proposta pelo autor visava, assim, à manutenção de um regime para evitar sua degeneração.

O conceito de governo misto continua a se desenvolver na Idade Média, no debate sobre o poder eclesiástico, discutindo a submissão do poder dos Papas aos concílios da Igreja, o que também leva à discussão de como controlar o poder de uma autoridade. Nas palavras de Pedro Abramovay:

> O grande objetivo do movimento conciliarista era evitar que um Papa com poder demais pudesse justamente atentar contra um *status quo* do clero. A divisão ou equilíbrio de Poderes teria o propósito, como dito acima, de "preservar" e impedir grandes transformações.[209]

Vê-se, assim, que, tanto em Aristóteles quanto na discussão medieval, debate-se a separação de poderes para que se possa controlar o poder, mantendo-se, assim, a forma de organização da sociedade e as forças nela existentes. O objetivo, em suma, é a manutenção do *status quo*.

Já a ideia de freios e contrapesos surge com as revoluções burguesas dos séculos XVI e XVII, com objetivos bastante diferentes. Ela aparece como instrumento de alteração social, de mudança do *status quo*. Isso porque, à época, a ideia de separação de poderes é incorporada por todas as constituições modernas, mas como um direito aberto para o futuro. De acordo com Pedro Abramovay, visa-se a limitar o poder em movimentos que surgem com o objetivo de combater o absolutismo, precisando-se de um "mecanismo que possibilitasse uma limitação de poderes que gerasse uma abertura para o futuro".[210] O autor ressalta:

---

[209] ABRAMOVAY, Pedro Vieira. *Separação de poderes e medidas provisórias*. Rio de Janeiro: Campus Elsevier, 2012. p. 9.
[210] Ibid., p. 12.

A compreensão da possibilidade do surgimento de um conceito de separação de Poderes que não significasse uma estrutura de preservação e conservação, mas sim um mecanismo de limitação de poderes que gerasse uma permanente transformação na sociedade, fica clara na análise mais cuidadosa dos textos da época.[211]

É interessante notar que se desenvolvia, na época, a mecânica moderna, com o conceito de equilíbrio dinâmico, estabelecendo que forças opostas podem fazer com que um mecanismo caminhe para a frente. O conceito é essencial para o desenvolvimento de uma ideia de freios e contrapesos que possam fazer o sistema ir para a frente, e não somente se equilibrar na mesma situação.

Vê-se, assim, que diferentemente das teorias de Aristóteles, em que a ideia de separação de poderes visava ao controle de poderes pela manutenção do *status quo*, com os freios e contrapesos visa-se, ao contrário, à evolução, à mudança social, preocupação, por exemplo, de Montesquieu.[212]

Uma vez esclarecidas as diferenças entre os conceitos de separação de poderes na Antiguidade e na Idade Média, por um lado, e nos séculos XVI e XVII, por outro, passa-se para as críticas apresentadas, nos séculos XIX e XX, aos conceitos.

Primeiramente, autores dos séculos XIX e XX sustentavam que a separação de poderes geraria um imobilismo, impedindo mudanças na sociedade. Em verdade, trata-se de crítica que confunde os objetivos da separação de poderes da Antiguidade com os da revolução burguesa, uma vez que estes visam exatamente à mudança social, à evolução, ao combate ao imobilismo.

---

[211] Ibid., p. 12.
[212] NEUMANN, Franz. *Estado democrático e Estado arbitrário*. Rio de Janeiro: Zahar, 1996. p. 135.

Já como segunda crítica à separação de poderes, diversos autores (como Duguit, Carré de Malberg, George Meyer, Laferrière, Barthélemy, entre outros) criticavam a divisão da soberania, entendendo que a ideia de nação soberana era incompatível com divisões. Esta crítica, conforme sustenta Pedro Abramovay, apenas pode ser superada com a criação de um conceito simbólico de povo. Como exemplo, o autor compara o parágrafo único do art. 1º da Constituição de 1988, que estabelece que "todo o poder emana do povo, que o exerce por meio de representantes eleitos ou diretamente, nos termos desta Constituição", e o §1º do art. 1º da Constituição de 1967, adotado da mesma forma desde 1937, estabelecendo que "todo poder emana do povo e em seu nome é exercido".

A princípio, demonstra o autor, pode parecer que a principal mudança é a possibilidade de democracia direta na Constituição. Em verdade, "a grande inovação não está nesse aspecto, mas no fato de que deixa claro que o poder não é mais exercido 'em nome do povo', mas é o povo quem o exerce".[213]

Veja-se que o povo não é simplesmente um grupo de indivíduos, mas, para J. J. Canotilho, "o povo concebe-se como povo em sentido político, isto é, grupos de pessoas que agem segundo ideias, interesses e representações de natureza política".[214]

Assim, na Constituição de 1988 o povo deixa de ser apenas elemento de legitimação, para se tornar sujeito ativo do autogoverno. Salienta Pedro Abramovay:

> Este tipo de argumento ganha força quando não vemos o poder sendo exercido *em nome* do povo, mas *pelo* povo. O poder

---

[213] ABRAMOVAY, Pedro Vieira. *Separação de poderes e medidas provisórias*, 2012, op. cit., p. 25.
[214] CANOTILHO, J. J. Gomes. *Direito constitucional e teoria da Constituição*. 7. ed. Coimbra: Almedina, 2006. p. 75.

simbólico, *em nome* do povo, não precisa ser legitimado a cada instante, de forma racional, reconhecendo que ele tem por alvo um interlocutor, que deve ter a opção de se reconhecer como autor daquela prescrição. Esse poder é legitimado pela autoridade que representa o povo e, portanto, fala *em nome* dele. Esta lógica se inverte se o poder é exercido pelo povo. Cada manifestação de poder que se realiza em regime de verdadeiro autogoverno evidentemente não foi pensada ou formulada por todos os cidadãos, mas deve ser reconhecida como norma que possa ter sido emanada por qualquer um[215] [grifos no original].

O conceito de autogoverno, assim, é requalificado, transpondo o povo para titular direto do poder. Supera-se a crítica de indivisibilidade da soberania.

Pedro Abramovay ressalta também que a separação de poderes passa, ainda, a ser vista como mecanismo de lidar com as contradições internas da sociedade, em uma sociedade plural:

> Toda a lógica da separação de Poderes deve servir à preservação da integridade do direito. Ao estabelecer um sistema de freios e contrapesos, tem-se como objetivo principal a criação de um mecanismo de controle mútuo que possibilite a aferição constante das manifestações de poder como vinculadas a esses princípios e, portanto, como reais manifestações do povo.[216]

Superadas as críticas vê-se, assim, que a separação de Poderes é elemento essencial da democracia contemporânea, devendo ser compreendido como mecanismo de transformação social.

---

[215] ABRAMOVAY, Pedro Vieira. *Separação de poderes e medidas provisórias*, 2012, op. cit., p. 28.
[216] Ibid., p. 35.

Medida provisória

Analisando-se a relação entre os poderes Executivo e Legislativo, vê-se que as medidas provisórias são a principal manifestação do poder de legislar do Executivo. Para sua edição, há pressupostos formais (relevância e urgência) e pressupostos materiais, que, segundo José Afonso da Silva, "dizem respeito às matérias que podem ser por ela[s] reguladas".[217]

Quanto ao pressuposto de relevância, é difícil argumentar que o fato de uma matéria ser tratada por lei não o atenda. Já quanto à urgência, doutrina e jurisprudência debatem a quem compete avaliar sua presença. Há autores que sustentam que apenas há urgência em casos excepcionais, como Manoel Gonçalves Ferreira Filho[218] e Janine Malta Massuda.[219]

De acordo com Pedro Abramovay, no entanto, a definição não pode ser tão estrita, pois em seu art. 167, §3º, a CRFB dispõe: "A abertura de crédito extraordinário somente será admitida para atender a despesas imprevisíveis e urgentes, como as decorrentes de guerra, comoção interna ou calamidade pública, observado o disposto no art. 62".

Ou seja, se urgência se limitasse aos casos previstos no art. 167, não haveria necessidade de remissão ao art. 62.

Ademais, a urgência aparece também na possibilidade de o Executivo qualificar como urgentes os projetos de lei de sua autoria. Assim, segundo o autor, "a palavra urgência na Cons-

---

[217] SILVA, José Afonso da. *Processo constitucional de formação das leis*. 2. ed. São Paulo: Malheiros, 2007. p. 333.
[218] FERREIRA FILHO, Manoel Gonçalves. A disciplina constitucional das crises financeiras. *Revista de Direito Administrativo (RDA)*, Rio de Janeiro, n. 181/182, p. 35, jul./dez. 1990.
[219] MASSUDA, Janine Malta. *Medidas provisórias*: os fenômenos na reedição. Porto Alegre: Safe, 2001. p. 56.

tituição Federal tem por escopo permitir o aumento do poder de agenda do Executivo".[220]

Ressalta, ainda, que a possibilidade de edição de medidas provisórias em matéria tributária, que apenas produzirão efeitos no ano seguinte à sua conversão em lei pelo Congresso, demonstra que a urgência pode se relacionar com a necessidade de acelerar o processo legislativo, situação já admitida expressamente pelo STF.[221]

Assim, o autor entende que descabe ao Judiciário avaliar a urgência da medida, sendo esta discussão objeto de diálogo entre o Executivo e o Legislativo, especialmente em face da redação da Emenda Constitucional nº 32, de 2001, que acrescentou o §5º ao art. 62, dispondo que "a deliberação de cada uma das Casas do Congresso Nacional sobre o mérito das medidas provisórias dependerá de juízo prévio sobre o atendimento de seus pressupostos constitucionais".

Dessa forma, caberia ao Judiciário verificar apenas se o Executivo justificou publicamente os motivos razoáveis para a edição da medida provisória, e se os motivos foram publicamente aceitos pelo Congresso Nacional, e não estabelecer critérios objetivos.

Sem embargo, através de uma decisão proferida em 1998,[222] o STF firmou um *leading case* sobre a matéria e decidiu pela declaração da inconstitucionalidade de uma medida provisória – tendo adentrado o mérito dos seus requisitos – em razão da não configuração de um dos seus requisitos formais (urgência),

---

[220] ABRAMOVAY, Pedro Vieira. *Separação de poderes e medidas provisórias*, 2012, op. cit., p. 65.
[221] BRASIL. Supremo Tribunal Federal, Voto do ministro Sepúlveda Pertence na ADI-MC nº 526-0/DF.
[222] BRASIL. Supremo Tribunal Federal. Ação Direta da Inconstitucionalidade (medida cautelar) nº 1.753/DF, Relator: ministro Sepúlveda Pertence. Julgamento em 16 abr. 1998. Cf. também, sobre a nova orientação do STF após a EC nº 32, a interessante ementa da ADI nº 2.213 MC, julgada em 4 abr. 2002.

assim superando o entendimento de que se deveria realizar uma interpretação restauradora da vontade do constituinte.

Quanto às limitações materiais para a edição de medidas provisórias, a Emenda Constitucional nº 32/2001 incorporou à constituição limitações anteriormente apontadas apenas pela doutrina[223] e jurisprudência.

Segundo Pedro Abramovay, a "existência de controles na Constituição, do ponto de vista do constitucionalismo contemporâneo, justifica-se para a proteção de direitos fundamentais".[224]

Assim, uma contribuição relevante da EC nº 32 para uma melhor utilização das medidas provisórias foi a reorganização dos seus limites temáticos (art. 62, §1º, da CRFB).[225] Antes da EC nº 32, o STF admitia medida provisória em matéria processual e entendia que não seria o instrumento cabível para matérias reservadas a lei complementar, para matéria penal em sentido contrário ao réu e para matérias em que não cabe edição de lei (e.g., recepção de tratados internacionais, que é realizada por meio de decreto legislativo). Ainda antes da EC nº 32, a doutrina preconizava a aplicação analógica do art. 68 (Lei Delegada) da Constituição Federal e entendia que não pode ser editada medida provisória em matéria de direito individual.[226]

Importante ressaltar, também, as demais alterações trazidas pela Emenda Constitucional nº 32/2001, que alteraram substancialmente as regras a respeito da edição de medidas provisórias. Antes dela, o texto constitucional estabelecia que as medidas provisórias perderiam eficácia após 30 dias, se não convertidas

---

[223] MASSUDA, Janine Malta. *Medidas provisórias*, 2001, op. cit., p. 88-92.
[224] ABRAMOVAY, Pedro Vieira. *Separação de poderes e medidas provisórias*, 2012, op. cit., p. 67.
[225] De acordo com o inciso III, não cabe medida provisória para o tratamento de matéria reservada a lei complementar; no entanto, isso foi possível para a Lei Complementar nº 70 (Cofins), pois, na verdade, trata-se de lei ordinária.
[226] CLÈVE, Clèmerson Merlin. *Medidas provisórias*. 2. ed. rev. e ampl. São Paulo: Max Limonad, 1999.

em lei. A doutrina e a jurisprudência, então, permitiam a reedição da medida indefinidamente. Assim, caso o Congresso não se manifestasse, as medidas poderiam ser consideradas como lei permanente.

Atualmente, após a emenda, exige-se a concordância expressa do Congresso Nacional para que a medida provisória se torne lei permanente, proibindo-se as reedições. Na sistemática atual, o prazo de duração das medidas provisórias foi aumentado de 30 para 180 dias, sobrestando a pauta do Congresso após 45 dias, forçando-o a se manifestar sobre a matéria.

Não apenas isso, mas, quando da edição da EC nº 32, travou-se um debate acerca da possível inconstitucionalidade do seu art. 2º,[227] que manteve em vigor, por prazo indeterminado, todas as medidas provisórias editadas em datas anteriores à sua promulgação, o que acabou transformando tais normas excepcionais em permanentes e conferiu-lhes tratamento de validade idêntico ao de leis, assim consubstanciando, para alguns, uma exceção ao núcleo essencial do princípio da separação de poderes. O Supremo Tribunal Federal fixou entendimento no sentido de que não perde a eficácia a medida provisória – anterior à EC nº 32/2001 –, "com força de lei, não apreciada pelo Congresso Nacional, mas reeditada, por meio de nova medida provisória, dentro de seu prazo de validade de trinta dias".[228] No que tange

---

[227] "As medidas provisórias editadas em data anterior à da publicação desta emenda continuam em vigor até que medida provisória posterior as revogue explicitamente ou até deliberação definitiva do Congresso Nacional."
[228] RE nº 378.691-AgR. Relator: ministro Eros Grau. Julgamento em 13 maio 2008.
Neste sentido, pode-se também trazer o recente caso julgado pelo STF: "O Supremo Tribunal Federal fixou entendimento no sentido de que não perde eficácia a medida provisória, com força de lei, não apreciada pelo Congresso Nacional, mas reeditada, por meio de nova medida provisória, dentro de seu prazo de validade de trinta dias [...] Cumpre ressaltar, por necessário, que esse entendimento vem sendo observado em sucessivos julgamentos, proferidos no âmbito desta Corte, a propósito de questões essencialmente idênticas à que ora se examina nesta sede recursal" (RE nº 476.379. Relator: ministro Celso de Mello. Julgamento em 30 jun. 2010. Publicado em DJe-143 DIVULG 03/08/2010 PUBLIC 04/08/2010).

aos efeitos da medida provisória, vale destacar a divergência acerca da sua incidência em relação à legislação anterior. Sobre o assunto, há três posições diferentes: (i) há revogação sujeita à condição resolutiva; (ii) há suspensão da eficácia da norma, o que possui grande relevância em relação à ADI; e (iii) quando se tratar de medida provisória que "revoga", esta não perderá o objeto porque, a rigor, não pode produzir tal efeito.

Com a nova sistemática, Pedro Abramovay ressalta que se reforçou o sistema de separação de poderes, baseado na ideia de freios e contrapesos, aumentando o diálogo entre o Executivo e o Legislativo.

Em sentido contrário, é frequente, na doutrina brasileira, a caracterização das medidas provisórias como usurpação do poder Legislativo pelo Executivo. Não obstante, considerando-se que a separação de poderes em sua concepção moderna, a partir do conceito de freios e contrapesos, não implica separação absoluta entre as funções legislativa, executiva e judiciária, mas sim um diálogo a ser promovido entre os poderes, deve-se verificar se, de fato, tal usurpação de poder vem ocorrendo.

Com este objetivo, ou seja, o de verificar a relação entre o Congresso e o Executivo na edição e aprovação de medidas provisórias, Pedro Abramovay apresenta, em sua obra já citada, pesquisa realizada analisando medidas provisórias por sete anos antes e sete anos depois da Emenda Constitucional nº 32.

Ressaltando que alguns dados não podem ser comparados devido às diferenças existentes nos dois períodos, o autor demonstra que, após a EC nº 32, o Congresso se pronunciou expressamente quanto à matéria em 95% das medidas provisórias propostas, tendo convertido 88% delas em lei, e rejeitado 7% das mesmas. Sua primeira conclusão, assim, é de que há um risco real de que uma medida provisória seja rejeitada pelo Congresso.

Em seguida, Pedro Abramovay demonstra que 54,8% das medidas provisórias convertidas em lei passaram por alterações no Congresso, havendo, assim, um debate ativo dentro do Parlamento, e não uma mera ratificação do texto enviado pelo Executivo.

Vê-se, assim, que o Congresso faz uso do instrumento das medidas provisórias para compartilhar com o Executivo o poder de agenda.

O autor analisa, também, o veto realizado em medidas provisórias aprovadas pelo Congresso, demonstrando que ele é exercido em 22% das medidas após a Emenda Constitucional nº 32. Ou seja, em 22% dos casos em que houve uma alteração em medida provisória pelo Legislativo, a alteração foi rejeitada, demonstrando um diálogo entre os dois poderes.

Dessa forma, o fato de o Congresso alterar pontos que são rejeitados pelo Executivo mostra que há espaço para manifestação contrária aos desejos do Executivo, havendo a possibilidade de o Legislativo inserir propostas e temas próprios na agenda nacional.

A pesquisa de Pedro Abramovay demonstra, também, que a média de emendas por medida provisória após a EC nº 32 é de 43,2 (maior do que anteriormente à emenda). Em suma, o autor demonstra que o texto da medida provisória convertida em lei é diferente do original em 52% dos casos.[229]

Assim, vê-se que a aprovação de medidas provisórias conta não apenas com análise, mas com mudanças substanciais efetuadas pelo Legislativo. Conclui-se, dessa forma, que não se pode falar em usurpação do poder de legislar por parte do Executivo, vez que o Legislativo participa ativamente do processo, havendo,

---

[229] O percentual aumenta para 68% dos casos desconsiderando-se as medidas provisórias de crédito. Estas possuem fundamentação diferente, e o tema orçamentário não tem o caráter amplo de norma geral e abstrata das atividades legislativas, motivo pelo qual o autor realiza todas as análises no universo geral das medidas provisórias, mas também excluindo as medidas provisórias que tratam de crédito orçamentário (ABRAMOVAY, Pedro Vieira. *Separação de poderes e medidas provisórias*, 2012, op. cit., p. 76).

entre os dois poderes, um diálogo que passou por substancial aumento após a aprovação da Emenda Constitucional nº 32.

Como último ponto, cumpre examinar a possibilidade de instituição de medidas provisórias nos planos estadual e municipal. De acordo com o STF, tal hipótese é cabível no plano estadual, desde que a Constituição estadual faça previsão expressa a respeito.[230] No que tange ao plano municipal, a Corte ainda não se manifestou. Além das razões apresentadas pelo STF, costumam-se invocar os seguintes argumentos favoráveis à adoção das medidas provisórias pelos estados-membros e pelos municípios: (i) o princípio da simetria (art. 25, *caput*, da CRFB) e (ii) o fato de que, se por um lado o art. 25, §2º, da CRFB vedou o cabimento de medida provisória para a disciplina de matéria referente a gás canalizado, por outro tê-lo-ia admitido para outras hipóteses.[231] Em sentido contrário, argumenta-se que a medida provisória consiste em instrumento excepcional e, portanto, não caberia estendê-lo aos planos estadual e municipal, ainda mais considerando que, se já causou muitos problemas no plano federal, no plano estadual poderia apresentar resultados ainda piores, pois o processo legislativo estadual e municipal é unicameral e, em tese, mais célere que o federal.

No que tange especificamente aos municípios, o entendimento majoritário da doutrina contempla a possibilidade de edição de medidas provisórias por parte dos prefeitos municipais, porém ressalva-se a necessidade de previsão expressa a respeito na lei orgânica do município e, segundo alguns, também na respectiva Constituição estadual.[232]

---

[230] Cf. ADI nº 2.391. Relator: ministra Ellen Gracie. Tribunal Pleno. Julgamento em 16 ago. 2006. *DJ*, 16 mar. 2007 PP-00020 EMENT VOL-02268-02 PP-00164 RDDT n. 140, 2007. p. 233-234.
[231] Vale ressaltar que o Poder Executivo do estado do Rio de Janeiro não edita medidas provisórias.
[232] Impende salientar que o Poder Executivo do município do Rio de Janeiro edita medidas provisórias.

Vale aqui comentar também que a jurisprudência tradicional do Supremo Tribunal Federal não admitia a propositura de ADI e de ADC contra quaisquer atos de efeitos meramente concretos, ainda que os mesmos fossem veiculados na forma de lei. Isso porque essas ações seriam os meios pelos quais se procede ao controle de constitucionalidade das normas jurídicas *in abstracto*, não se prestando

> ao controle de atos administrativos que têm objeto determinado e destinatários certos, ainda que esses atos sejam editados sob a forma de lei – as leis meramente formais, porque têm forma de lei, mas seu conteúdo não encerra normas que disciplinam relações em abstrato.[233]

Esse entendimento tradicional vem sendo revisto, a partir da decisão de admissibilidade da ADI nº 4.048-1/DF, exatamente contra uma medida provisória, indicando uma possível abertura ao conhecimento de ações diretas voltadas contra atos concretos, em certas circunstâncias:

> [...]
> II. CONTROLE ABSTRATO DE CONSTITUCIONALIDADE DE NORMAS ORÇAMENTÁRIAS. REVISÃO DE JURISPRUDÊNCIA. O Supremo Tribunal Federal deve exercer sua função precípua de fiscalização da constitucionalidade das leis e dos atos normativos quando houver um tema ou uma controvérsia constitucional suscitada em abstrato, independente do caráter geral ou específico, concreto ou abstrato de seu objeto. Possibilidade de submissão das normas orçamentárias ao controle abstrato de constitucionalidade.

---

[233] BRASIL. Supremo Tribunal Federal. ADI nº 647. Relator: ministro Moreira Alves. *DJ*, 27 mar. 1992.

III. LIMITES CONSTITUCIONAIS À ATIVIDADE LEGISLATIVA EXCEPCIONAL DO PODER EXECUTIVO NA EDIÇÃO DE MEDIDAS PROVISÓRIAS PARA ABERTURA DE CRÉDITO EXTRAORDINÁRIO. Interpretação do art. 167, §3º c/c o art. 62, §1º, inciso I, alínea "d", da Constituição. Além dos requisitos de relevância e urgência (art. 62), a Constituição exige que a abertura do crédito extraordinário seja feita apenas para atender a despesas imprevisíveis e urgentes. Ao contrário do que ocorre em relação aos requisitos de relevância e urgência (art. 62), que se submetem a uma ampla margem de discricionariedade por parte do Presidente da República, os requisitos de imprevisibilidade e urgência (art. 167, §3º) recebem densificação normativa da Constituição. Os conteúdos semânticos das expressões "guerra", "comoção interna" e "calamidade pública" constituem vetores para a interpretação/aplicação do art. 167, §3º c/c o art. 62, §1º, inciso I, alínea "d", da Constituição. "Guerra", "comoção interna" e "calamidade pública" são conceitos que representam realidades ou situações fáticas de extrema gravidade e de consequências imprevisíveis para a ordem pública e a paz social, e que dessa forma requerem, com a devida urgência, a adoção de medidas singulares e extraordinárias. A leitura atenta e a análise interpretativa do texto e da exposição de motivos da MP nº 405/2007 demonstram que os créditos abertos são destinados a prover despesas correntes, que não estão qualificadas pela imprevisibilidade ou pela urgência. A edição da MP nº 405/2007 configurou um patente desvirtuamento dos parâmetros constitucionais que permitem a edição de medidas provisórias para a abertura de créditos extraordinários.

IV. MEDIDA CAUTELAR DEFERIDA. Suspensão da vigência da Lei nº 11.658/2008, desde a sua publicação, ocorrida em 22 de abril de 2008.

Questões de automonitoramento

1. Após ler este capítulo, você é capaz de resumir o caso gerador do capítulo 6, identificando as partes envolvidas, os problemas atinentes e as soluções cabíveis?
2. Comente a atuação (pretérita e atual) do Poder Judiciário no controle da constitucionalidade e do mérito das medidas provisórias elaboradas pelo Poder Executivo.
3. Pense e descreva, mentalmente, outras alternativas para a solução do caso gerador do capítulo 6.

6

Sugestões de casos geradores

Federalismo. Fundamentos teóricos. A partilha constitucional de competências. As constituições estaduais e as leis orgânicas dos municípios (cap. 1)

Caso gerador

> EMENTA: I. Ação direta de inconstitucionalidade e emenda constitucional superveniente: critério jurisprudencial. Julga-se prejudicada a ação direta quando, de emenda superveniente à sua propositura, resultou inovação substancial da norma constitucional que – invocada ou não pelo requerente – compunha necessariamente o parâmetro de aferição da inconstitucionalidade do ato normativo questionado: precedentes. II. Adin e emenda constitucional de vigência protraída: prejuízo inexistente. Proposta de ação direta contra emenda de vigência imediata à Constituição de Estado, relativa a limites da remuneração dos Vereadores, não prejudica por ora a superveniência da EC nº 25/2000 à Constituição da República, que, embora cuide da matéria, só entrará em vigor em 2001, quando do início da nova

legislatura nos Municípios. III. Município: sentido da submissão de sua Lei Orgânica a princípios estabelecidos na Constituição do Estado. 1. Dar alcance irrestrito à alusão, no art. 29, *caput*, CF, à observância devida pelas leis orgânicas municipais aos princípios estabelecidos na Constituição do Estado, traduz condenável misoneísmo constitucional, que faz abstração de dois dados novos e incontornáveis do trato do Município da Lei fundamental de 1988: explicitar o seu caráter de "entidade infraestatal rígida" e, em consequência, outorgar-lhe o poder de auto-organização, substantivado, no art. 29, pelo de votar a própria lei orgânica. 2. É mais que bastante ao juízo liminar sobre o pedido cautelar a aparente evidência de que em tudo quanto, nos diversos incisos do art. 29, a Constituição da República fixou ela mesma os parâmetros limitadores do poder de auto-organização dos Municípios e excetuados apenas aqueles que contêm remissão expressa ao direito estadual (art. 29, VI, IX e X) – a Constituição do Estado não os poderá abrandar nem agravar. IV. Emenda constitucional estadual e direito intertemporal. Impõem-se, em princípio, à emenda constitucional estadual os princípios de direito intertemporal da Constituição da República, entre os quais as garantias do direito adquirido e da irredutibilidade de vencimentos.[234]

Com base no caso exposto, pergunta-se:

1. É lícito às constituições estaduais estabelecer obrigações ou regras de organização para os municípios?
2. A redação aberta do art. 35, inciso IV da Constituição Federal, que fala em "princípios indicados na Constituição Estadual", permite ao estado criar hipóteses de intervenção do municí-

---

[234] ADI nº 2.112 MC/RJ. Relator: ministro Sepúlveda Pertence. Julgamento em 11 maio 2000. Tribunal Pleno. *DJ*, 18 maio 2001.

pio diversas das hipóteses correspondentes de intervenção da União no estado?

Jurisdição constitucional (I). Controle abstrato de constitucionalidade. Regime geral. Ação direta de inconstitucionalidade, ação declaratória de constitucionalidade (cap. 2)

Devido a questões emergenciais provocadas por intempéries, sendo declarado estado de calamidade pública pelo ente federativo local, o governo federal editou medida provisória destinando R$ 18 bilhões para reparos da malha rodoviária (pontes, ruas e avenidas afetadas pelas chuvas), construção de habitações populares, saneamento básico e recuperação de encostas.

Aproveitando o ensejo, o governo federal embutiu, no corpo da referida MP, verbas destinadas aos órgãos do Poder Executivo e da Justiça Eleitoral, à transposição de águas fluviais para a irrigação de área rural destinada ao cultivo de soja, bem como a redução do orçamento de investimento de empresas públicas.

Diante de tal quadro, um partido de oposição ajuizou ação direta de inconstitucionalidade no STF para contestar a referida MP, atestando que o art. 167 da Carta Magna só permite abertura de crédito extraordinário "para atender a despesas imprevisíveis e urgentes, como decorrentes de guerra, comoção interna ou calamidade pública". Acrescenta ainda, na ADI, que a Constituição "exclui do campo temático da medida provisória toda e qualquer norma orçamentária, o que inclui o plano plurianual, as diretrizes orçamentárias, o próprio orçamento e os créditos adicionais e suplementares".

O partido pede a concessão de liminar para suspender, com efeito retroativo (*ex tunc*) a MP questionada, requerendo, no mérito, a declaração de inconstitucionalidade.

A orientação jurisprudencial da Corte era no sentido de impossibilidade de ADI contra normas orçamentárias, "porque não são atos com densidade normativa, sendo o mesmo entendimento dispensado às medidas provisórias que abrem créditos extraordinários".

No caso referência da ADI nº 4.365, o ministro Carlos Ayres Britto sustentou em seu voto que "a lei não precisa de densidade normativa para expor ao controle abstrato de constitucionalidade, exigindo-se tal densidade apenas para o ato que não caracterize lei em sentido formal".

1. Opine acerca da conclusão do ministro supracitado abordando o tema da judicialização das políticas públicas.
2. Segundo a jurisprudência atual do STF, o que acontece com a ADI proposta contra a medida provisória se esta não for convertida em lei?
3. As relações jurídicas que nasceram nesse período de vigência e foram disciplinadas pela medida provisória produzem efeitos jurídicos?

Jurisdição constitucional (II). Arguição de descumprimento de preceito fundamental. Inconstitucionalidade por omissão: ação direta e mandado de injunção (cap. 3)

Caso 1

Visando conferir efetividade à Constituição de 1988 e assegurar as condições mínimas de vida digna aos cidadãos brasileiros, o Partido Democrático Trabalhista (PDT) propôs arguição de descumprimento de preceito fundamental (ADPF) perante o Supremo Tribunal Federal contra Medida Provisória XXXX, que fixa o valor do salário mínimo em R$ 350,00. Inconformado com a estipulação desse montante e argumentando que tal ato normativo, elaborado pela Presidência da República, teria produzido uma inconstitucionalidade por omissão parcial – vez que tal medida não corresponderia às diretrizes constitucionais estipuladas no art. 7º, IV, da Constituição Federal –, o partido proponente formulou pedido de declaração de inconstitucionalidade da medida provisória em tela e de fixação – via jurisdição constitucional – do valor do salário mínimo com base na Constituição. Em preliminares, o partido político proponente fundamenta o cabimento da ADPF na insuficiência da ação direta de inconstitucionalidade por omissão para suprir o vício alegado. No mérito, argumenta que caberia ao STF efetivar, no caso concreto, o direito constitucional invocado – mediante a definição do valor do salário mínimo – como forma de conferir aplicação aos direitos fundamentais dos trabalhadores e suplantar os fatores políticos que atravancam a estipulação, pelo Estado, de um rendimento mínimo condizente com os valores esculpidos na Constituição de 1988.

Considerando o caso acima, pergunta-se:

1. Qual tipo de decisão pode ser proferido em controle abstrato de constitucionalidade, especialmente em sede de ADPF? Há possibilidade de o STF produzir norma jurídica, oponível contra todos, que defina o valor preciso do salário mínimo para o atendimento das condições previstas pelo art. 7º, IV, da Constituição Federal?
2. Como se deve manejar o princípio da separação de poderes no âmbito do controle abstrato de constitucionalidade quando se trata de sanar omissões normativas próprias do Executivo e do Legislativo, especialmente em matéria de direitos fundamentais?

Considere a ementa do seguinte julgado:

AÇÃO DIRETA DE INCONSTITUCIONALIDADE – AUSÊNCIA DE LEGITIMIDADE ATIVA DE CENTRAL SINDICAL (CUT) – IMPUGNAÇÃO À MEDIDA PROVISÓRIA QUE FIXA O NOVO VALOR DO SALÁRIO MÍNIMO – ALEGAÇÃO DE INCONSTITUCIONALIDADE EM FACE DA INSUFICIÊNCIA DESSE VALOR SALARIAL – REALIZAÇÃO INCOMPLETA DA DETERMINAÇÃO CONSTANTE DO ART. 7º, IV, DA CONSTITUIÇÃO DA REPÚBLICA – HIPÓTESE DE INCONSTITUCIONALIDADE POR OMISSÃO PARCIAL.[235]

Diante do exposto, pergunta-se:

1. É possível a conversão da ADI em ação direta de inconstitucionalidade por omissão, na visão do STF?
2. Há contra-argumentos à tese capitaneada pelo STF?
3. Qual é a ação apropriada para o referido caso, ADPF, ADI ou ADI por omissão?

Caso 2

Recentemente, o STF julgou a ADPF nº 54, em que avaliou a constitucionalidade do aborto de fetos anencéfalos. A ação, proposta pela Confederação Nacional dos Trabalhadores na Saúde, questionava criminalização da prática, feita pela aplicação dos arts. 124, 126 e 128, I e II, do Código Penal. Foi também julgada a ADPF nº 186, questionando a implementação de cotas na Universidade de Brasília, implementada por normas editadas pela UnB.[236]

---

[235] BRASIL. Tribunal Pleno. Relator: ministro Celso de Mello. Julgamento em 2 nov. 2004.
[236] Ata da Reunião Extraordinária do Conselho de Ensino, Pesquisa e Extensão da Universidade de Brasília (Cepe); Resolução nº 38, de 2003, do Cepe; Plano de Metas para a Integração Social, Étnica e Racial da UnB; Itens do Edital nº 2, de 2009, do segundo

Com base nos casos acima, responda:

1. Por que, nestes casos, foram ajuizadas ADPFs, e não ações diretas de inconstitucionalidade?
2. Qual tipo de decisão pode ser proferido em controle abstrato de constitucionalidade, especialmente em sede de ADPF?
3. Quais os preceitos fundamentais que as ações visam proteger?

Caso 3

Marcus Alexandre é servidor público, tendo ingressado em 2006 na carreira de técnico judiciário. Em 2011, após anos de reivindicações não atendidas, Marcus propõe a seus colegas que entrem em greve para reivindicar seus direitos. Como resposta, seus colegas o informam de que, embora tenham o direito à greve, constitucionalmente garantido pelo art. 37, inciso VII, da CRFB, a greve de servidores públicos não é possível, pois falta lei que discipline as condições em que ela pode ocorrer. Marcus, assim, o procura como advogado para que possa exercer seu direito.

Com base no caso, e no MI nº 708,[237] responda:

1. Qual a ação que pode ser proposta para que Marcus exerça seu direito?
2. Com base na posição adotada atualmente pelo STF, qual tipo de decisão pode ser proferida em mandado de injunção?
3. Há possibilidade de o STF produzir norma jurídica, oponível contra todos, que defina a forma como o direito de greve dos servidores públicos deve ser exercido?

---

vestibular de 2009 do Centro de Seleção e de Promoção de Eventos (Cespe), órgão que integra a Fundação Universidade de Brasília e organiza o vestibular de acesso à UnB.
[237] BRASIL. Supremo Tribunal Federal. MI nº 708. Relator: ministro Gilmar Mendes. Tribunal Pleno. Julgamento em 25 out. 2007.

4. Como se deve manejar o princípio da separação de poderes quando se trata de sanar omissões normativas próprias do Executivo e do Legislativo, especialmente em matéria de direitos fundamentais?

Jurisdição constitucional (III). Controle concreto de constitucionalidade. Regime geral. Súmula vinculante e repercussão geral (cap. 4)

Caso 1

> O Tribunal resolveu questão de ordem suscitada pelo Min. Gilmar Mendes, Presidente, em recurso extraordinário interposto pelo INSS, do qual foi relator, para: (a) reconhecer a repercussão geral da questão constitucional analisada – revisão de pensão por morte constituída antes da edição da Lei nº 9.032/1995 –, pela inegável relevância jurídica e econômica do tema, com reflexos sobre uma multiplicidade de processos que ainda tramitam nas instâncias ordinárias e especial; (b) reafirmar a jurisprudência da Corte no sentido de que a revisão de pensão por morte e demais benefícios, constituídos antes da entrada em vigor da Lei nº 9.032/1995, não pode ser realizada com base em novo coeficiente de cálculo estabelecido no referido diploma legal; (c) dar provimento ao recurso extraordinário; (d) devolver aos respectivos tribunais de origem os recursos extraordinários e agravos de instrumento, ainda não distribuídos nesta Suprema Corte e os que aqui chegarem, versando sobre o tema em questão, sem prejuízo da eventual devolução, se assim entenderem os relatores, daqueles que já estão a eles distribuídos (RISTF, art. 328, parágrafo único) [...].
> *Leading case*: RE nº 597.389-QO, Min. Gilmar Mendes.[238]

---

[238] Supremo Tribunal Federal. Gabinete da Presidência. *Revisão de pensão por morte e período anterior à Lei nº 9.032/95*. Disponível em: <www.stf.jus.br/arquivo/cms/juris-

Considerando o julgado acima, pergunta-se:

1. Quais os efeitos e qual a eficácia da decisão proferida em recurso extraordinário? Seus fundamentos produzem coisa julgada?
2. Em face da sistemática do controle concreto e difuso de constitucionalidade, qual a diferença entre a súmula vinculante e o recurso extraordinário?

Caso 2

No *Habeas Corpus* nº 82.959, o Supremo Tribunal Federal declarou inconstitucional a lei que impedia a progressão de regime em crimes hediondos. Posteriormente, outro indivíduo, nas mesmas circunstâncias fáticas, desejava obter também o benefício da progressão de regime com fundamento no HC supracitado.

Entretanto, o juiz em primeira instância (vara de execução penal) negou a progressão de regime, não acolhendo o entendimento do STF. Não se conformando com tal decisão, propôs uma reclamação perante o Supremo, que permitiu a liberdade provisória e deferiu a progressão de regime, acolhendo, portanto, a tese capitaneada pelo ministro Gilmar Mendes em seu voto.

Sustenta o ministro Gilmar Mendes na Rcl nº 4.335 que o art. 52, X, da CRFB/1988 serve apenas para dar maior publicidade à decisão do STF e não para dar efeitos *erga omnes* à decisão de efeitos *inter partes*.

Art. 52 [da CRFB/1988]. Compete privativamente ao Senado Federal:

---

prudenciaRepercussaoGeralMeritoJulgado/anexo/01_RG_ReafirmacaoJurisprudencia.pdf>. Acesso em: 3 nov. 2012.

[...]
X. suspender a execução, no todo ou em parte, de lei declarada inconstitucional por decisão definitiva do Supremo Tribunal Federal;

Considerando o caso acima e o art. 52, X, da CRFB/1988, responda:

1. De acordo com o exposto supra, o art. 2º, §1º, da Lei nº 8.072/1990 foi declarado inconstitucional em que tipo de controle?
2. O art. 52, X, da CRFB/1988 não especifica em qual tipo de controle de constitucionalidade o Senado Federal atua. Poder-se-ia entender que o Senado Federal atua tanto no controle incidental quanto no controle abstrato?
3. Tomando como referência a interpretação dada pelo ministro Gilmar Mendes ao art. 52, X, da CRFB/1988, qual fenômeno pode ser observado?
4. O art. 52, X, da CRFB/1988 fala em lei. Pode o Senado estender uma decisão declaratória de inconstitucionalidade de um ato normativo que não seja lei (por exemplo, uma medida provisória, um decreto autônomo)?
5. O STJ pode exercer o controle incidental de constitucionalidade? Se possível, estar-se-ia imiscuindo em matéria de competência do STF, que deveria ser discutida em recurso extraordinário?

Separação de poderes. Medidas provisórias (cap. 5)

Caso gerador

Em recente ação direta de inconstitucionalidade (ADI nº 4.029), analisando a criação do Instituto Chico Mendes de

Conservação de Biodiversidade, o relator da ação, ministro Luiz Fux, defendeu como um dos fundamentos para a inconstitucionalidade da medida provisória a ausência de urgência para sua edição. Segundo seu voto:

> [...] Em verdade, não havia urgência para a edição da Medida Provisória nº 366 de 2007, porquanto criou autarquia (o Instituto Chico Mendes) responsável por funções exercidas por entidade federal preexistente (o Ibama), utilizando, ademais, recursos materiais disponibilizados por esta. Fica vencida, diante disso, a alegação de que a urgência, na hipótese, decorreu da necessidade de reestruturar a organização administrativa de defesa do meio ambiente, considerando que os danos ambientais, na maior parte dos casos, são irreversíveis.
> A atuação do Judiciário no controle da existência dos requisitos constitucionais de edição de Medidas Provisórias, ao contrário de denotar ingerência contra majoritária nos mecanismos políticos de diálogo dos outros Poderes, serve à manutenção da Democracia e do equilíbrio entre os três baluartes da República.
> [...]
> O Supremo Tribunal Federal, nesta esteira, deve assegurar que o Legislativo não se torne um simples anexo do Executivo, subserviente e pouco ativo, que se limite a apreciar, na maior parte do tempo, as medidas materialmente legislativas adotadas pelo Chefe da Administração.
> A má utilização dos provimentos de urgência pelo Executivo pode gerar efeitos indesejados, não somente para a ordem social, mas igualmente para a dinâmica decisória das Casas parlamentares, com constantes trancamentos de pauta e apressando a deliberação sobre temas que demandariam maior reflexão.
> [...]
> *In casu*, o abuso do poder de editar Medidas Provisórias afigura-se evidenciado de forma patente, sendo impossível defender

com seriedade que a criação de um ente para desincumbir-se das mesmas atribuições de autarquia já em operação revista-se da urgência necessária para afastar a adoção do rito legislativo ordinário.

Tendo em vista o posicionamento do ministro, responda:

1. Cabe ao Judiciário avaliar os requisitos de relevância e urgência para a edição de medidas provisórias?
2. É fundado o receio do ministro de que o Legislativo se torne um anexo do Executivo?

Conclusão

À medida que a consciência jurídica da sociedade evolui e os cidadãos ampliam seu acesso à Justiça, seja através do Poder Judiciário ou de meios alternativos de solução de conflitos, cresce a importância do estudo do direito.

O direito está permeado como um dos elementos de transformação modernizadora das sociedades tradicionais, principalmente nos países em desenvolvimento. Evidencia-se, a cada dia, que o direito público não pode ser insensível ao que ocorre nos sistemas político e econômico, e que o direito tem papel relevante na organização da sociedade.

O objetivo deste livro foi desenvolver discussões e estudos sobre a jurisdição constitucional brasileira, a fim de compreender a forma como os tribunais, em especial o Supremo Tribunal Federal, vêm interpretando e aplicando o direito. Neste contexto, o estudo sobre os institutos introduzidos em nosso ordenamento jurídico após a promulgação da Constituição Federal de 1988, bem como o estudo do papel que cabe ao Supremo Tribunal Federal em nossa sociedade, é de suma importância não apenas para a compreensão dos fundamentos do direito constitucional, mas também para a compreensão da própria dinâmica evolutiva da democracia brasileira.

    Nossa intenção é contribuir para o fomento de estudos específicos e aprofundados sobre o tema, tarefa que deve ser cada vez mais estimulada no país, baseando-se na crença de que uma Justiça mais eficiente também acarretará um direito mais efetivo.

Referências

ABRAMOVAY, Pedro Vieira. *Separação de poderes e medidas provisórias.* Rio de Janeiro: Campus Elsevier, 2012.

ACKERMAN, Bruce. Un neofederalismo? In: ELSTER, Jon; SLAGSTAD, Rune. *Constitucionalismo y democracia.* México DF: Fondo de Cultura Económica, 1999. p. 176-214.

AGUIAR, Joaquim Castro. *Competência e autonomia dos municípios na nova Constituição.* Rio de Janeiro: Forense, 1993.

ALMEIDA, Fernanda Dias Menezes de. *Competências na Constituição de 1988.* 3. ed. São Paulo: Atlas, 2005.

ALVES, José Carlos Moreira. A evolução do controle de constitucionalidade no Brasil. In: TEIXEIRA, Sálvio de Figueiredo; GRINOVER, Ada Pellegrini. *As garantias do cidadão na Justiça.* São Paulo: Saraiva, 1993.

AMARAL JÚNIOR, José Levi Mello do. *Medida provisória e sua conversão em lei.* São Paulo: Revista dos Tribunais, 2004.

ANDERSON, George. *Federalismo*: uma introdução. Rio de Janeiro: FGV, 2009.

ASSIS, Alexandre Camanho de. Inconstitucionalidade de lei: Poder Executivo e repúdio de lei sob a alegação de inconstitucionalidade. *Revista de Direito Público*, v. 91, 1990.

ÁVILA, Humberto Bergmann. *Medida provisória na Constituição de 1988*. Porto Alegre: Safe, [s.d.].

AZEVEDO, Luiz H. Cascelli de. *O controle legislativo de constitucionalidade*. Porto Alegre: Safe, 2001.

BARACHO, José Alfredo de Oliveira. *Teoria geral do federalismo*. Rio de Janeiro: Forense, 1986.

BARBI, Celso Agrícola. Mandado de injunção. In: TEIXEIRA, Sálvio de Figueiredo (Org.). *Mandado de segurança e de injunção*. São Paulo: Saraiva, 1990.

BARBOSA, Ruy. In: COSTA, Edgard. *Os grandes julgamentos do Supremo Tribunal Federal*. Rio de Janeiro: Civilização Brasileira, 1964. v. I.

BARIONI, Rodrigo. O recurso extraordinário e as questões constitucionais de repercussão geral. In: WAMBIER, Teresa Arruda Alvim et al. *Reforma do Judiciário*: primeiras reflexões sobre a Emenda Constitucional nº 45/2004. São Paulo: Revista dos Tribunais, 2005.

BARROSO, Luís Roberto. *Direito constitucional brasileiro*: o problema da federação. Rio de Janeiro: Forense, 1982.

_____. Norma incompatível com a Constituição: não aplicação pelo Poder Executivo, independentemente de pronunciamento judicial – legitimidade. *Revista de Direito Administrativo*, Rio de Janeiro, n. 181-182, p. 387 e segs., 1990.

_____. Mandado de injunção: o que foi sem nunca ter sido – uma proposta de reformulação. *Revista Trimestral de Direito Público*, São Paulo, v. 17, n. 34, 1997.

_____. Conceitos fundamentais sobre controle de constitucionalidade e a jurisprudência do Supremo Tribunal Federal. In: SARMENTO,

Daniel (Org.). *O controle de constitucionalidade e a Lei 9.868/99*. Rio de Janeiro: Lumen Juris, 2002.

_____. *O controle de constitucionalidade no direito brasileiro*. São Paulo: Saraiva, 2004.

_____. *O direito constitucional e a efetividade de suas normas*: limites e possibilidades da Constituição brasileira. Rio de Janeiro: Renovar, 2009.

BASTOS, Celso Ribeiro. O município na Federação brasileira. *Cadernos de Direito Constitucional e Ciência Política*, São Paulo, v. 1, n. 2, p. 185-193, jan./mar. 1993.

_____; VARGAS, Aléxis Galiás de Souza. Arguição de descumprimento de preceito fundamental. *Revista de Direito Constitucional e Internacional*, n. 30, p. 69-77, jan./mar. 2000.

BERMUDES, Sérgio. O mandado de injunção. *Revista dos Tribunais*, São Paulo, v. 642, 1989.

BERNARDES, Juliano Taveira. Arguição de descumprimento de preceito fundamental. *Revista Jurídica Virtual*, n. 8, jan. 2000.

_____. Petição inicial da arguição de descumprimento de preceito fundamental nº 54. In: BARROSO, Luís Roberto. *Temas de direito constitucional*. Rio de Janeiro: Renovar, 2005. t. III, p. 559-582.

BERNARDES, Wilba Lúcia Maia. *Federação e federalismo*: uma análise com base na superação do Estado nacional e no contexto do estado democrático de direito. Belo Horizonte: Del Rey, 2010.

BINENBOJM, Gustavo. *A nova jurisdição constitucional brasileira*: legitimidade democrática e instrumentos de realização. Rio de Janeiro: Renovar, 2001.

_____. *A nova jurisdição constitucional brasileira*. 2. ed. rev. e atual. Rio de Janeiro: Renovar, 2004.

_____. *A nova jurisdição constitucional brasileira*. 3. ed. rev. e atual. Rio de Janeiro: Renovar, 2010.

_____. A dimensão do *amicus curiae* no processo constitucional brasileiro: requisitos, poderes processuais e aplicabilidade no âmbito estadual. *Mundo Jurídico*, Rio de Janeiro, [s.d.]. Disponível em: <www.mundojuridico.adv.br>. Acesso em: 24 abr. 2006.

BONAVIDES, Paulo. *Curso de direito constitucional*. 5. ed. São Paulo: Malheiros, 1994.

_____. *Ciência política*. 10. ed. rev. e atual., 13 tir. São Paulo: Malheiros, 2004a.

_____. *Curso de direito constitucional*. 14. ed. São Paulo: Malheiros, 2004b.

_____. *Curso de direito constitucional*. 22. ed. São Paulo: Malheiros, 2008.

BRAZ, Petrônio. *Direito municipal na Constituição*. São Paulo: LED, 1996.

BUENO FILHO, Edgard Silveira. *Amicus curiae*: a democratização do debate no processo de controle da constitucionalidade. *Revista Diálogo Jurídico*, Salvador, n. 14, p. 39 e segs., jun./ago. 2002.

BULOS, Uadi Lammêgo. *Curso de direito constitucional*. São Paulo: Saraiva, 2010.

BUSATO, Paulo César. A reaproximação dos sistemas jurídicos ocidentais: sintoma de evolução da política jurídica. *Mundo Jurídico*, 12 jul. 2005. Disponível em: <www.mundojuridico.adv.br/sis_artigos/artigos.asp?codigo=56>. Acesso em: 1 nov. 2012.

CALMON DE PASSOS, J. J. *Mandado de segurança coletivo, mandado de injunção, "habeas data"*: constituição e processo. Rio de Janeiro: Forense, 1989.

CAMBI, Eduardo. Critério da transcendência para a admissibilidade do recurso extraordinário (art. 102, §3º, da CF): entre a autocontenção e o ativismo do STF no contexto da legitimação democrática da jurisdição constitucional. In: WAMBIER, Teresa Arruda Alvim et al. *Reforma do Judiciário*: primeiras reflexões sobre a Emenda Constitucional nº 45/2004. São Paulo: Revista dos Tribunais, 2005. p. 153-166.

CANOTILHO, J. J. Gomes. *Direito constitucional e teoria da Constituição*. 7. ed. Coimbra: Almedina, 2006.

CARRAZZA, Roque Antonio. Ação de inconstitucionalidade por omissão e mandado de injunção. *Revista dos Tribunais. Cadernos de Direito Constitucional e Ciência Política*, v. 3, 1993.

CARREIRA ALVIM, José Eduardo. Alguns aspectos dos recursos extraordinário e especial na reforma do Poder Judiciário (EC nº 45/2004). In: WAMBIER, Teresa Arruda Alvim et al. *Reforma do Judiciário*: primeiras reflexões sobre a Emenda Constitucional nº 45/2004. São Paulo: Revista dos Tribunais, 2005. p. 323-326.

CARVALHO, Cristiano Viveiros de. *Controle judicial e processo legislativo*. Porto Alegre: Safe, 2002.

CARVALHO, Kildare Gonçalves. *Técnica legislativa*. Belo Horizonte: Del Rey, [s.d.].

CASTRO, Cláudio Dias de. Súmulas vinculantes: uma (dis)solução jurídica. *Mundo Jurídico*, [s.d.]. Disponível em: <www.mundojuridico.adv.br>. Acesso em: 26 abr. 2006.

CLÈVE, Clèmerson Merlin. *Medidas provisórias*. 2. ed. rev. e ampl. São Paulo: Max Limonad, 1999.

_____. *A fiscalização abstrata da constitucionalidade no direito brasileiro*. 2. ed. rev., atual. e ampl. São Paulo: Revista dos Tribunais, 2000.

_____; PEIXOTO, Marcela Moraes. O Estado brasileiro: algumas linhas sobre a divisão de poderes na federação brasileira à luz da Constituição de 1988. *Revista de Informação Legislativa*, Brasília, v. 26, n. 104, p. 21-42, out./dez. 1989.

COELHO, Inocêncio Martires. Federalismo e descentralização. *Revista de Informação Legislativa*, Brasília, v. 22, n. 87, p. 23-30, jul./set. 1985.

CÔRTES, Osmar Mendes Paixão. As inovações da EC nº 45/2004 quanto ao cabimento do recurso extraordinário. In: WAMBIER, Teresa Arruda Alvim et al. *Reforma do Judiciário*: primeiras reflexões sobre a Emenda Constitucional nº 45/2004. São Paulo: Revista dos Tribunais, 2005. p. 531-550.

DALLARI, Adilson Abreu. Poder constituinte estadual. *Revista de Informação Legislativa*, Brasília, v. 26, n. 102, p. 201-2069, abr./jun. 1989.

FERRARI, Regina Macedo Nery. O estado federal – estruturas e características. *Cadernos de Direito Constitucional e Ciência Política*, n. 2. p. 89-102, 1993.

_____. *Direito Municipal*. 2. ed. São Paulo: RT, 2005.

FERRARI, Sérgio. A iniciativa privativa no processo legislativo diante do princípio interpretativo da efetividade da Constituição. *Revista de Direito da Procuradoria-Geral* [da Câmara Municipal do Rio de Janeiro], n. 9, p. 51-76, jan./jun. 2001.

_____. *Constituição estadual e federação*. Rio de Janeiro: Lumen Juris, 2003.

_____. *O município na Federação brasileira*: limites e possibilidades de uma organização assimétrica. Tese (Doutorado em Direito) – Universidade do Estado do Rio de Janeiro, Faculdade de Direito, Rio de Janeiro, 2010. Disponível em: <www.bdtd.uerj.br/tde_busca/processaPesquisa.php?listaDetalhes[]=1950&processar=Processar>. Acesso em: 30 out. 2012.

FERRAZ JÚNIOR, Tércio Sampaio. Princípios condicionantes do poder constituinte estadual em face da Constituição Federal. *Revista de Direito Público*, São Paulo, v. 22, n. 92, p. 34-42, out./dez. 1989.

FERREIRA, Sérgio D'Andréa. Medida provisória. In: SOUZA, Romildo Bueno de et al. *Ciclo de conferências para juízes federais.* Brasília: CJF, 1991. Série Cadernos do Conselho da Justiça Federal, v.1.

_____. Medida provisória: natureza jurídica. *Revista Trimestral de Direito Público*, São Paulo, n. 1, 1993.

FERREIRA, William Santos. Súmula vinculante – solução concentrada: vantagens, riscos e a necessidade de um contraditório de natureza coletiva (*amicus curiae*). In: WAMBIER, Teresa Arruda Alvim et al. *Reforma do Judiciário*: primeiras reflexões sobre a Emenda Constitucional nº 45/2004. São Paulo: Revista dos Tribunais, 2005. p. 799-824.

FERREIRA FILHO, Manoel Gonçalves. A disciplina constitucional das crises financeiras. *Revista de Direito Administrativo (RDA)*, Rio de Janeiro, n. 181/182, p. 35, jul./dez. 1990.

_____. *Curso de direito constitucional.* São Paulo: Saraiva, 1996.

_____. O sistema constitucional brasileiro e as recentes inovações no controle de constitucionalidade. *Revista de Direito Administrativo (RDA)*, Rio de Janeiro, n. 220, p. 14, abr./jun. 2000.

_____. *Do processo legislativo.* 5. ed. rev., ampl. e atual. São Paulo: Saraiva, 2002.

FIGUEIREDO, Marcelo. *O mandado de injunção e a inconstitucionalidade por omissão.* São Paulo: Revista dos Tribunais, 1991.

FONTES, João Roberto Egydio Piza; ARMELIN, Roberto. A reforma do Judiciário: em busca da "eficácia social" da prestação jurisdicional – uma reflexão sobre o controle externo do judiciário e o efeito vinculante das súmulas dos tribunais superiores. *Revista Trimestral de Direito Público*. São Paulo, n. 17, p. 156 e segs., [s.d.].

FRAGA, Ricardo Carvalho. Reforma e destruição do Poder Judiciário. *Jornal Síntese*, n. 30, p. 8, ago. 1999.

FRANCIULLI NETO, Domingos. Reforma do Poder Judiciário: controle externo e súmula vinculante. In: WAMBIER, Teresa Arruda

Alvim et al. *Reforma do Judiciário*: primeiras reflexões sobre a Emenda Constitucional nº 45/2004. São Paulo: Revista dos Tribunais, 2005. p. 141-151.

GARCIA, Maria. Exercício do poder constituinte derivado: noções de um poder constituinte não originário. *Cadernos de Direito Constitucional e Ciência Política*, São Paulo, v. 3, n. 11, p. 31-48, abr./jun. 1995.

GARCÍA DE ENTERRÍA, Eduardo. Justicia constitucional: la doctrina prospectiva en la declaración de ineficácia de las leyes inconstitucionales. *Revista de Direito Público*, v. 92, p. 5-16, out./dez. 1989.

GARCÍA-PELAYO, Manuel. *Derecho constitucional comparado*. Madri: Revista do Ocidente, 1961.

GAVARA DE CARA, Juan Carlos. *Derechos fundamentales y desarrollo legislativo*. Madri: Centro de Estudios Constitucionales, 1994.

GOMES, Joaquim B. Barbosa. Evolução do controle de constitucionalidade de tipo francês. *Revista de Informação Legislativa*, Brasília, n. 158, p. 97-125, abr./jun. 2003.

GOMES, Luiz Flávio. Súmulas vinculantes e independência judicial. *Revista dos Tribunais*, São Paulo, v. 86, n. 739, maio 1997.

GRAU, Eros Roberto. Sobre a produção legislativa e sobre a produção normativa do direito oficial: o chamado "efeito vinculante". *Revista Trimestral de Direito Público*, São Paulo, n. 16, [s.d.].

GRECO, Marco Aurélio. *Medidas provisórias*. São Paulo: RT, 1991.

GRIESBACH, Carlos Fabricio. A teoria política em Montesquieu. In: WOLKMER, Antonio Carlos. *Introdução à história do pensamento político*. Rio de Janeiro: Renovar, 2003.

HÄBERLE, Peter. *Hermenêutica constitucional*: a sociedade aberta dos intérpretes da Constituição. Contribuição para a interpretação pluralista e "procedimental" da Constituição. Trad. Gilmar F. Mendes. Porto Alegre: Safe, 1997.

HORTA, Raul Machado. Tendências do federalismo brasileiro. *Revista de Direito Público*, São Paulo, n. 9, 1969.

_____. O estado-membro na Constituição Federal brasileira. *Revista Brasileira de Estudos Políticos*, Belo Horizonte, n. 69/70, p. 61-89, jul./jan. 1989.

_____. Repartição de competências na Constituição Federal de 1988. *Revista Forense*, Rio de Janeiro, v. 87, n. 315, p. 55-66, jul./set. 1991.

_____. Estado federal e tendências do federalismo contemporâneo. In: _____. *Estudos de direito constitucional*. Belo Horizonte: Del Rey, 1995. p. 345-522.

JOBIM, Nelson. Efeito vinculante: prós e contras. *Revista Jurídica Consulex*. Brasília, v. 1, n. 3, mar. 1997.

KOZIKOSKI, Sandro Marcelo. A repercussão geral das questões constitucionais e o juízo de admissibilidade do recurso extraordinário. In: WAMBIER, Teresa Arruda Alvim et al. *Reforma do Judiciário*: primeiras reflexões sobre a Emenda Constitucional nº 45/2004. São Paulo: Revista dos Tribunais, 2005. p. 743-760.

LAMY, Eduardo de Avelar. Repercussão geral no recurso extraordinário: a volta da arguição de relevância? In: WAMBIER, Teresa Arruda Alvim et al. *Reforma do Judiciário*: primeiras reflexões sobre a Emenda Constitucional nº 45/2004. São Paulo: Revista dos Tribunais, 2005. p. 167-180.

LOURENÇO, Rodrigo Lopes. *Controle da constitucionalidade à luz da jurisprudência do STF*. Rio de Janeiro: Forense, 1998.

MANCUSO, Rodolfo de Camargo. *Divergência jurisprudencial e súmula vinculante*. São Paulo: Revista dos Tribunais, 1999.

_____. Súmula vinculante e a EC nº 45/2004. In: WAMBIER, Teresa Arruda Alvim et al. *Reforma do Judiciário*: primeiras reflexões sobre a Emenda Constitucional nº 45/2004. São Paulo: Revista dos Tribunais, 2005. p. 685-720.

MARTINS, Cristiano Franco. *Princípio federativo e mudança constitucional*: limites e possibilidades na Constituição Brasileira de 1988. Rio de Janeiro: Lumen Juris, 2003.

MARTINS, Ives Gandra da Silva. A ação declaratória de constitucionalidade. In: _____; MENDES, Gilmar Ferreira (Coord.). *Ação declaratória de constitucionalidade*. São Paulo: Saraiva, 1994.

_____. A eficácia das decisões de inconstitucionalidade: 15 anos de experiência. In: MASSUDA, Janine Malta. *Medidas provisórias*: os fenômenos na reedição. Porto Alegre: Safe, 2001.

MASSUDA, Janine Malta. *Medidas provisórias*: os fenômenos na reedição. Porto Alegre: Safe, 2001.

MAZZEI, Rodrigo. Mandado de injunção. In: DIDIER JR., Fredie (Org.). *Ações constitucionais*. 3. ed. rev., ampl. e atual. Salvador: Podivm, 2009.

MEIRELLES, Hely Lopes. *Direito municipal brasileiro*. 13. ed. São Paulo: Malheiros, 2003a.

_____. *Mandado de segurança, ação popular, ação civil pública, mandado de injunção, "habeas data", ação direta de inconstitucionalidade, ação declaratória de constitucionalidade e arguição de descumprimento de preceito fundamental*. São Paulo: Malheiros, 2003b.

MELLO, Marco Aurélio de. Entrevista. *Gazeta Mercantil*, Rio de Janeiro, 17 out. 2001.

MELLO, Patrícia Perrone Campos. *Precedentes*: o desenvolvimento judicial do direito no constitucionalismo contemporâneo. Rio de Janeiro: Renovar, 2008.

MELO FILHO, Urbano Vitalino de. Perspectiva dos municípios na Federação brasileira. *Revista Interesse Público*, São Paulo, v. 1, n. 4, p. 80-89, out./dez. 1999.

MENDES, Gilmar Ferreira. Arguição de descumprimento de preceito fundamental: demonstração de inexistência de outro meio eficaz. *Revista Jurídica Virtual*, n. 13, jun. 2000.

_____. *Arguição de descumprimento de preceito fundamental*: análises à luz da Lei nº 9.882/99. São Paulo: Atlas, 2001a.

_____. *Tratado da arguição de preceito fundamental*. São Paulo: Saraiva, 2001b.

_____; MARTINS, Ives Gandra da Silva. *Controle concentrado de constitucionalidade*. 3. ed. São Paulo: Saraiva, 2009.

MIRANDA, Jorge. *Manual de direito constitucional*. Coimbra: Coimbra, 2000. t. II.

MORAES, Alexandre de. *Direito Constitucional*. 4. ed. rev. e ampl. São Paulo: Atlas, 1998.

_____. *Direito constitucional*. 8. ed. São Paulo: Atlas, 2000.

MUKAI, Toshio. Competências dos entes federados na Constituição de 1988. *Revista de Direito Administrativo*, Rio de Janeiro, n. 184, p. 86-96, abr./jun. 1991.

NEUMANN, Franz. *Estado democrático e Estado arbitrário*. Rio de Janeiro: Zahar, 1996.

NOGUEIRA, Gustavo Santana. Das súmulas vinculantes: uma primeira análise. In: WAMBIER, Teresa Arruda Alvim et al. *Reforma do Judiciário*: primeiras reflexões sobre a Emenda Constitucional nº 45/2004. São Paulo: Revista dos Tribunais, 2005. p. 269-270.

_____. *Stare decisis et non queita movere*. Rio de Janeiro: Lumen Juris, 2011.

OLIVEIRA, Pedro Miranda de. A (in)efetividade da súmula vinculante: a necessidade de medidas paralelas. In: WAMBIER, Teresa Arruda Alvim et al. *Reforma do Judiciário*: primeiras reflexões sobre a Emenda

Constitucional nº 45/2004. São Paulo: Revista dos Tribunais, 2005. p. 591-606.

PASSOS, José Joaquim Calmon de. Súmula vinculante. *Revista Diálogo Jurídico*, Salvador, n. 10, jan. 2002. Disponível em: <www.direitopublico.com.br>. Acesso em: 26 abr. 2006.

PIÇARRA, Nuno. *A separação dos poderes como doutrina e princípio constitucional*. Coimbra: Coimbra, 1989.

PILATTI, Adriano. O processo legislativo na Constituição de 1988. In: CAMARGO, Margarida Maria Lacombe (Org.). *1988-1998*: uma década de Constituição. Rio de Janeiro: Renovar, 1999. p. 75-92.

PIOVESAN, Flávia C. *Proteção judicial contra omissões legislativas*: ação direta de inconstitucionalidade por omissão e mandado de injunção. São Paulo: Revista dos Tribunais, 1995.

POLLETTI, Ronaldo. *O controle de constitucionalidade das leis*. Rio de Janeiro: Forense, 1998.

QUARESMA, Regina. O mandado de injunção: a chance do cidadão não sofrer omissão na Constituição de 1988. In: CAMARGO, Margarida Maria Lacombe (Org.). *1988-1998*: uma década de Constituição. Rio de Janeiro: Renovar, 1999.

ROCHA, Cármen Lúcia Antunes. *República e federação no Brasil*. Belo Horizonte: Del Rey, 1997.

_____. Sobre a súmula vinculante. *Revista Trimestral de Direito Público*, São Paulo, n. 14/19, [s.d.].

ROTHENBURG, Walter Claudius. Velhos e novos rumos das ações de controle abstrato de constitucionalidade à luz da Lei nº 9.868/99. In: SARMENTO, Daniel (Org.). *O controle de constitucionalidade e a Lei nº 9.868/99*. Rio de Janeiro: Lumen Juris, 2002. p. 269-292.

ROUSSEAU, Jean-Jacques. *Do contrato social*. São Paulo: Martin Claret, 2004.

RUIZ, Urbano. Reforma do Judiciário e súmulas vinculantes. *Revista de Justiça da Anamatra*, n. 232, fev. 1997.

SÁ, Djanira Maria Radamés de. *Súmula vinculante*: análise crítica de sua adoção. Belo Horizonte: Del Rey, 1996.

SAMPAIO, José Adércio Leite (Coord.). *Quinze anos de Constituição*. Belo Horizonte: Del Rey, 2004a.

_____. *Controle de constitucionalidade e direitos fundamentais*. São Paulo: Saraiva, 2004b.

SAMPAIO, Nelson de Sousa. *O processo legislativo*. 2. ed. atual. por Uadi Lamêgo Bulos. Belo Horizonte: Del Rey, 1996.

SANTOS, Aricê Moacyr Amaral. *O mandado de injunção*. São Paulo: Revista dos Tribunais, 1989.

SARMENTO, Daniel. Apontamentos sobre a arguição de descumprimento de preceito fundamental. In: TAVARES, André Ramos; ROTHENBURG, Walter Claudius (Org.). *Arguição de descumprimento de preceito fundamental*: análises à luz da Lei nº 9.882/99. São Paulo: Atlas, 2001.

_____. A eficácia temporal das decisões no controle de constitucionalidade. In: _____ (Org.). *O controle de constitucionalidade e a Lei nº 9.868/99*. Rio de Janeiro: Lumen Juris, 2002a. p. 101-138.

_____. *O controle de constitucionalidade e a Lei nº 9.868/99*. Rio de Janeiro: Lumen Juris, 2002b.

SARTORI, Giovanni. *Engenharia constitucional*. Brasília: UnB, 1996.

SARTÓRIO, Elvio Pereira; JORGE, Flávio Cheim. O recurso extraordinário e a demonstração de repercussão geral. In: WAMBIER, Teresa Arruda Alvim et al. *Reforma do Judiciário*: primeiras reflexões sobre a Emenda Constitucional nº 45/2004. São Paulo: Revista dos Tribunais, 2005. p. 181-191.

SCAFF, Fernando Facury; MAUÉS, Antonio G. Moreira. A trajetória brasileira em busca do efeito vinculante no controle de constitucionalidade. In: WAMBIER, Teresa Arruda Alvim et al. *Reforma do Judiciário*: primeiras reflexões sobre a Emenda Constitucional nº 45/2004. São Paulo: Revista dos Tribunais, 2005. p. 225-242.

SHIMURA, Sérgio Seiji. Súmula vinculante. In: WAMBIER, Teresa Arruda Alvim et al. *Reforma do Judiciário*: primeiras reflexões sobre a Emenda Constitucional nº 45/2004. São Paulo: Revista dos Tribunais, 2005. p. 761-766.

SILVA, Adriana Campos. O princípio da fidelidade federal e a opção federalista. *Revista Brasileira de Estudos Políticos*, Belo Horizonte, n. 71, p. 145-161, jul. 1990.

SILVA, Celso de Albuquerque. *Do efeito vinculante*: sua legitimação e aplicação. Rio de Janeiro: Lumen Juris, 2005.

SILVA, Evandro Lins e. A questão do efeito vinculante. *Revista do Conselho Federal da OAB*, Brasília, n. 61, jul./dez. 1995.

_____. Crime de hermenêutica e súmula vinculante. *Revista Consultor Jurídico*, 10 jan. 2001.

SILVA, José Afonso da. *O município na Constituição de 1988*. São Paulo: Revista dos Tribunais, 1989.

_____. *Curso de direito constitucional positivo*. 10. ed. São Paulo: Malheiros, 1995.

_____. *Curso de direito constitucional positivo*. 19 ed. São Paulo: Malheiros, 2001.

_____. O município no Brasil. In: QUARESMA, Regina; OLIVEIRA, Maria Lúcia de Paula. *Direito constitucional brasileiro*: perspectivas e controvérsias contemporâneas. Rio de Janeiro: Forense, 2006.

_____. *Processo constitucional de formação das leis*. 2. ed. São Paulo: Malheiros, 2007.

SILVA, Sandra Krieger Gonçalves. *O município na Constituição de 1988*. São Paulo: Juarez de Oliveira, 2003.

SIQUEIRA CASTRO, Carlos Roberto. Mandado de injunção. Limitação da taxa de juros. Eficácia das normas constitucionais programáticas. Considerações acerca do art. 192, parágrafo 3º da Constituição Federal. *Revista Forense*, Rio de Janeiro: Forense, v. 339, [s.d.].

SLAIBI FILHO, Nagib. *Anotações à Constituição de 1988*. Rio de Janeiro: Forense, 1989.

_____. Medidas provisórias ou definitivas? *Boletim Semanal da Coad*, ano 21, p. 334-336, jun. 2001.

SOUZA CRUZ, Álvaro Ricardo. Breve histórico do Supremo Tribunal Federal e do controle de constitucionalidade brasileiro. In: SAMPAIO, José Adércio Leite (Org.). *Crises e desafios da Constituição*. Belo Horizonte: Del Rey, 2004. p. 201-256.

STRECK, Lênio Luiz. *Súmulas no direito brasileiro*: eficácia, poder e função. Porto Alegre: Livraria do Advogado, 1998.

TARANTO, Caio Marcio Guterres. *Precedente judicial*: autoridade e aplicação. Rio de Janeiro: Forense, 2009.

TAVARES, Ana Lucia de Lyra. O mandado de injunção como exemplo de recepção de direito. In: CAMARGO, Margarida Maria Lacombe (Org.). *1988-1998*: uma década de Constituição. Rio de Janeiro: Renovar, 1999.

TAVARES, André Ramos. Arguição de descumprimento de preceito fundamental: aspectos essenciais do instituto na Constituição e na lei. In: _____; ROTHENBURG, Walter Claudius (Org.). *Arguição de descumprimento de preceito fundamental*: análises à luz da Lei nº 9.882/99. São Paulo: Atlas, 2001.

_____; ROTHENBURG, Walter Claudius (Org.). *Aspectos atuais do controle de constitucionalidade no Brasil*: recurso extraordinário e arguição de descumprimento de preceito fundamental. Rio de Janeiro: Forense, 2003.

TEMER, Michel. *Elementos de direito constitucional*. 18. ed. rev. e atual. São Paulo: Malheiros, 1998.

TIBÚRCIO, Flávio Corrêa. A reforma do Judiciário e o novo recurso extraordinário. *Jus Navigandi*, Teresina, ano 9, n. 541, 30 dez. 2004. Disponível em: <http://jus.com.br/revista/texto/6137/a-reforma-do-judiciario-e-o-novo-recurso-extraordinario>. Acesso em: 1 nov. 2012.

TRIGUEIRO, Oswaldo. *Direito constitucional estadual*. Rio de Janeiro: Forense, 1980.

VASCONCELOS, Rita. A nova competência do STF para o recurso extraordinário (CF, art. 102, III, "d"). In: WAMBIER, Teresa Arruda Alvim et al. Reforma do Judiciário: primeiras reflexões sobre a Emenda Constitucional nº 45/2004. São Paulo: Revista dos Tribunais, 2005. p. 649-654.

VELLOSO, Carlos Mário da Silva. As novas garantias constitucionais. *Revista dos Tribunais*, v. 644, 1989.

_____. Estado federal e estados federados na Constituição de 1988: do equilíbrio federativo. *Revista da Procuradoria-Geral da República*, Brasília, n. 1, p. 20-47, out./dez. 1992.

_____. *Temas de direito público*. Belo Horizonte: Del Rey, 1997.

VELOSO, Zeno. *Controle jurisdicional de constitucionalidade*. 2. ed. rev., atual. e ampl. Belo Horizonte: Del Rey, 2000.

WAMBIER, Teresa Arruda Alvim et. al. *Reforma do Judiciário*: primeiras reflexões sobre a Emenda Constitucional nº 45/2004. São Paulo: Revista dos Tribunais, 2005.

_____; WAMBIER, Luiz Rodrigues; MEDINA, José Miguel Garcia. Repercussão geral e súmula vinculante: relevantes novidades trazidas pela EC nº 45/2004. In: WAMBIER, Teresa Arruda Alvim et al. *Reforma do Judiciário*: primeiras reflexões sobre a Emenda Constitucional nº 45/2004. São Paulo: Revista dos Tribunais, 2005.

ZAGREBELSKY, Gustavo. *Il diritto mite*: legge, diritti, giustizia. Turim: Einaudi, 1992.

ZIMMERMANN, Augusto. *Teoria geral do federalismo democrático*. 2. ed. Rio de Janeiro: Lumen Juris, 2005.

Organizadores

Na contínua busca pelo aperfeiçoamento de nossos programas, o Programa de Educação Continuada da FGV Direito Rio adotou o modelo de sucesso atualmente utilizado nos demais cursos de pós-graduação da Fundação Getulio Vargas, no qual o material didático é entregue ao aluno em formato de pequenos manuais. O referido modelo oferece ao aluno um material didático padronizado, de fácil manuseio e graficamente apropriado, contendo a compilação dos temas que serão abordados em sala de aula durante a realização da disciplina.

A organização dos materiais didáticos da FGV Direito Rio tem por finalidade oferecer o conteúdo de preparação prévia de nossos alunos para um melhor aproveitamento das aulas, tornando-as mais práticas e participativas.

Joaquim Falcão – diretor da FGV Direito Rio

Doutor em educação pela Université de Génève. *Master of laws* (LL.M) pela Harvard University. Bacharel em direito pela Pontifícia Universidade Católica do Rio de Janeiro (PUC-Rio).

Diretor da Escola de Direito do Rio de Janeiro da Fundação Getulio Vargas (FGV Direito Rio).

Sérgio Guerra – vice-diretor de pós-graduação da FGV Direito Rio

Doutor e mestre em direito. Professor titular da FGV Direito Rio (graduação e mestrado), na qual ocupa o cargo de vice-diretor de pós-graduação (*lato e stricto sensu*). Diretor-executivo da *Revista de Direito Administrativo (RDA)* e coordenador do mestrado profissional em Poder Judiciário. Possui pós-graduação (especialização) em direito ambiental, direito processual civil e direito empresarial e cursos de educação continuada na Northwestern School of Law e na University of California – Irvine.

Rafael Almeida – coordenador geral de pós-graduação

Doutorando em políticas públicas, estratégias e desenvolvimento pelo Instituto de Economia da UFRJ. *Master of laws* (LL.M) em *international business law* pela London School of Economics and Political Science (LSE). Mestre em regulação e concorrência pela Universidade Candido Mendes (Ucam). Formado pela Escola de Magistratura do Estado do Rio de Janeiro (Emerj). Bacharel em direito pela UFRJ e em economia pela Ucam.

Colaboradores

Os cursos de pós-graduação da FGV Direito Rio foram realizados graças a um conjunto de pessoas que se empenhou para que eles fossem um sucesso. Nesse conjunto bastante heterogêneo, não poderíamos deixar de mencionar a contribuição especial de nossos professores e pesquisadores em compartilhar seu conhecimento sobre questões relevantes ao direito. A FGV Direito Rio conta com um corpo de professores altamente qualificado que acompanha os trabalhos produzidos pelos pesquisadores envolvidos em meios acadêmicos diversos, parceria que resulta em uma base didática coerente com os programas apresentados.

Nosso especial agradecimento aos colaboradores da FGV Direito Rio que participaram deste projeto:

Adriana Lacombe Coiro

Bacharel em direito pela FGV Direito Rio, com semestre cursado na Universidade de Harvard. Pesquisadora da FGV Direito Rio.

Álvaro Jorge

Foi professor de história das ideias políticas e de direito constitucional na UFRJ e palestrante da Emerj; consultor da Fundação Roberto Marinho e da Unesco; gerente do contencioso da Agência Nacional de Saúde Suplementar. Atualmente é professor de direito constitucional da FGV Direito Rio e sócio do Barbosa, Müssnich & Aragão Advogados.

André Rodrigues Cyrino

Professor da FGV Direito Rio. *Master of laws* (LL.M) pela Yale Law School (EUA). Doutorando e mestre em direito público pela Uerj. Procurador do Estado e advogado no Rio de Janeiro.

Arthur Rodrigues

Professor e advogado. Mestre pela Uerj e *Master of laws* (LL.M) pela Universidade de Michigan. Autor de *Etanol: aspectos jurídicos, econômicos*, dedica-se ao estudo do direito econômico, da energia e societário. Trabalhou na Uerj, na Universidade Federal de Juiz de Fora, na FGV e na Universidade de Michigan.

Enzo Bello

Doutor em direito pela Uerj. Mestre em ciências jurídicas pela PUC-Rio. Graduado em ciências jurídicas e sociais pela UFRJ. Professor adjunto da Faculdade de direito da UFF. Professor do Programa de Pós-Graduação em Direito (Mestrado) da Universidade de Caxias do Sul (UCS). Tem experiência na área de direito, com ênfase em direito constitucional, teoria do Estado e direitos humanos, atuando principalmente nos seguintes temas: cidadania, direitos humanos, direito e marxismo, teoria crítica e constitucionalismo latino-americano.

Gustavo Binenbojm

Doutorado em direito pela Uerj. Procurador do estado do Rio de Janeiro.

Pedro Abramovay

Formado em direito pela USP, mestre em direito constitucional pela UnB e doutorando em ciência política pelo Iesp/Uerj. Foi assessor especial do ministro da Justiça, secretário de Assuntos Legislativos do Ministério da Justiça e secretário nacional de Justiça. Atualmente é professor da FGV Direito Rio.

Rafael Koatz

Graduado e mestre em direito público pela Uerj. Foi professor contratado da Faculdade de Direito da Uerj e da pós-graduação *lato sensu* do Ceped-Uerj. Atuou também como advogado nos escritórios Trench, Rossi e Watanabe Advogados e Andrade & Fichtner Advogados, e como assessor do desembargador Agostinho Teixeira de Almeida Filho no Tribunal de Justiça do Estado do Rio de Janeiro. Desde 2008, é professor da FGV Direito Rio e sócio do escritório Binenbojm, Gama & Carvalho Britto Advocacia. Atualmente, cursa o doutorado em direito público na Uerj.

Renata da Silva França

Graduada em letras, com habilitação em português e literaturas de língua portuguesa na UFF. Pós-graduanda em literatura infantojuvenil pela UFF. Atua como revisora do material didático dos cursos de extensão e especialização da FGV Direito Rio.

Sabrina Pereira de Freitas

Pós-graduada em direito público e tributário na Ucam. Pós-graduada em direito tributário pela FGV. Graduada em direito pela Universidade Estácio de Sá. Atua em advocacia de empresas nas áreas de direito civil, constitucional, administrativo, tributário e consumidor. Tem experiência em implantação de advocacia preventiva em empresas, bem como em formação e treinamento de equipes em setor jurídico, além de vivência profissional em direito previdenciário. Pesquisadora e assistente de ensino em direito constitucional na FGV.

Sérgio Ferrari

Mestre e doutor em direito público pela Uerj. Professor substituto de direito constitucional da UFRJ. Professor dos cursos de pós-graduação da Uerj, da Emerj e da FGV. Procurador da Câmara Municipal do Rio de Janeiro.

Teresa Cristina Tschepokaitis Olsen

Mestre em teoria do Estado e direito constitucional pela PUC-Rio. Bacharel em direito pela PUC-Rio. É monitora e pesquisadora da pós-graduação em direito do Estado e da regulação da FGV Direito Rio e assessora jurídica do Ministério Público do Estado do Rio de Janeiro.